Igor A. Caruso
Narzißmus und Sozialisation

psychologisch gesehen
Wissenschaft

Herausgegeben von Dr. H. Fischle-Carl

IGOR A. CARUSO

Narzißmus
und
Sozialisation

Entwicklungspsychologische Grundlagen
gesellschaftlichen Verhaltens

VERLAG ADOLF BONZ GMBH · STUTTGART

CIP-Kurztitelaufnahme der Deutschen Bibliothek

Caruso, Igor A.
Narzißmus und Sozialisation: entwicklungspsycho-
logische Grundlagen gesellschaftlichen Verhaltens. –
Stuttgart: Bonz, 1976
   (Psychologisch gesehen: Wiss.)
   ISBN 3 87089 156 4

Satz und Druck: E. Scheel, Fellbach-Oeffingen

FÜR ALEXANDRA
(Schleedorf bei Mattsee, 27. 7. 1975)

INHALT

EINLEITUNG

Eine Art Liebe

Um den Gegenstand unserer Untersuchung bildhaft verständlich zu machen, wollen wir den Traum einer jungen Frau, die sich in der Psychoanalyse befand, wiedergeben: »Das Gartentor (meines) Traumes war – und dies fiel mir ganz plötzlich in der Stunde ein – das Gartentor von Heinz' Großmutter, und dieses Tor war eigentlich immer für uns Kinder verschlossen gewesen – im Gegensatz zu dem in meinem Traum, das weit offen stand. Abgesehen von diesem Tor, das den Zugang versperrte, war der Garten noch zusätzlich unzugänglich dadurch, daß er von zwei, in meiner Erinnerung bissigen Windhunden bewacht war. Wenn die alte Frau allerdings mit ihren Hunden ausgegangen war, nützten wir die Gelegenheit und spielten besonders lustvoll in dem verbotenen Garten. Dieser erschien uns wahrscheinlich auch deshalb so besonders ›verhext‹, weil uns Heinz' Großmutter auch als Hexe erschienen ist. Sie war jedenfalls in Wirklichkeit schizophren und allen Kindern sehr abhold, abgesehen von Heinz, den sie so liebte, daß sie immer wieder – zu unserem grausigen Vergnügen – davon sprach, daß sie ihn ›am liebsten in einer Pfanne braten und aufessen‹ würde.«

Wir wollen die Bedeutung dieses Traumes für die junge Frau selbst nicht näher ausführen. Soviel aber können wir sagen, daß sie nicht zufällig und von ungefähr diese Erinnerung erst in der 227. Stunde der Analyse brachte. Die Analyse beschäftigte sich nämlich mit der fordernden egoistischen Liebe und auf der anderen Seite mit der Liebe, die den Geliebten voll akzeptiert. Denn voll akzeptieren heißt doch, den geliebten Menschen so zu nehmen, wie er ist, seine Freiheit unangetastet zu lassen, ihn nicht besitzen zu wollen, um ihn sich einzuverleiben wie eine Nahrung. Diese extrem besitzende Liebe, die den anderen Menschen wie eine begehrte Nahrung behandelt, zerstört doch irgendwie diesen geliebten Menschen, so wie die Nahrungsaufnahme die Nahrung selbst letztlich zerstört und aus der Welt schafft.

Wir wollen die kleine Geschichte für sich selbst betrachten; sie scheint harmlos und fast lustig zu sein, ist aber im Rahmen unseres Themas sehr ernst zu nehmen: Eine einsame und wundersame alte Frau kann es nicht ertragen, daß Kinder aus der Nachbarschaft in ihrem großen Garten spielen, das stört sie in ihrer Menschenscheu. Aus Gründen, die wir nicht kennen, und die wahrscheinlich im Lebenslauf der alten Dame liegen (denn was geschieht schon ohne eine Begründung in der Vergangenheit eines Lebens?), machte die alte Dame eine einzige Ausnahme: sie scheint einen dicken Knaben (daß Heinz dick war, erfahren wir aus weiteren Einfällen der jungen Frau) gern zu haben – so empfinden es wenigstens die anderen Kinder, und Kinder haben ein geschärftes Gefühl für Ablehnung und Akzeptierung. Was sagt sie aber, um Heinz ihre Liebe zu zeigen? Sie sagt etwas, was man lustig finden kann, und was an manche Märchen erinnert: »Ich liebe dich so sehr, daß ich dich in einer Pfanne braten werde und verspeisen.« Nun, in den meisten Sprachen benützt man das nämliche Wort lieben oder mögen, um die Zuneigung zu einem Menschen auszudrücken, wie auch, um eine gerne gegessene Speise zu bezeichnen. Schon wahrscheinlich deshalb, weil befriedigte Liebe und befriedigter Hunger eindeutige Lustgefühle hervorrufen. Aber wahrscheinlich auch deshalb, weil die Anfänge der beiden mächtigen Triebe der gleichen sehr tiefliegenden und längst hinter uns gelassenen Quelle entspringen. Daß das Motiv des Verspeisens in den Märchen immer wiederkommt, spricht für letztere Annahme, da die Märchen vornehmlich ganz einfache in uns schlummernde, zwar wirksame aber nicht mehr bewußte Motive zum Gegenstand haben.

So erscheint uns die alte Frau aus der soeben wiedergegebenen Geschichte wie eine Märchenfigur. Sicherlich, obwohl sie wunderlich und vielleicht nicht ganz normal war,
lag ihr doch ferne, den kleinen Jungen wirklich zu braten
und zu verzehren. Aber die Sprache war gleichsam stärker
als ihr Bewußtsein und bediente sich solcher Bilder, die nur
im Märchen bei den Hexen nicht verwunderlich sind. Die
alte Dame war ein Sonderling. Wir können uns vorstellen,
daß sie die menschliche Gesellschaft und insbesondere die
Gesellschaft der Kinder ablehnte, sie fand eben keine richtige Beziehung zu den Erwachsenen und zu den Kindern.
Sie hätte im Gegenteil eine gute alte Fee sein können, die
die Kinder in ihren Garten einlädt und ihnen ihre Liebe
dadurch zeigt, daß sie den Lärm der spielenden Kinder akzeptiert und ihnen vielleicht ihrerseits etwas zu naschen
gibt. Wir sehen, daß der Ausspruch der alten Dame, so
harmlos er erscheinen mag, uns zu denken gibt und vor
allem uns Fragen stellt. Anscheinend gibt es also verschiedene Formen von Liebe, die sich ganz verschiedentlich äu-
ßern und die etwas über den Lebenslauf, also auch über
die erreichte Gefühlsreife aussagen können.

Selbstliebe als Quelle der Liebe

Seit Sigmund *Freud* weiß man, daß das allertiefste, weil
allererste Stadium der Liebe das sogenannte »narzißstische« ist. Alles, was wir im Laufe unserer Entwicklung erfahren haben, hinterläßt Spuren in uns, ist in unserer Entwicklung irgendwie aufgehoben, also noch in entfernter
Weise wirksam. Und wenn unsere Entwicklung Störungen erfahren hat, unser Gefühlsleben sich also nicht optimal entfalten konnte, so sind diese Spuren gerade an jenen
Stellen der Entwicklung, wo es am meisten gestört wurde,
viel wirksamer als bei einer normalen Entwicklung. So
trägt jeder von uns irgendeinen Rest von narzißtischer
Liebe in sich, ja wir werden sehen, daß es sogar notwendig

ist, weil die Liebe, um sich zum Altruismus, Zärtlichkeit und Solidarität entwickeln zu können, zuerst ein gesichertes Fundament mit diesem sogenannten »Narzißmus« haben muß. *Freud* hat den Narzißmus als Selbstliebe verstanden. Er hatte nicht unrecht damit: Um dieses Fundament zu schaffen, muß die Liebe zuerst das Selbst des Menschen zum Gegenstand haben. Darum hat *Freud* dieses primäre Stadium mit dem Namen des mythischen Jünglings benannt, der sich in sich selbst verliebte, als er sich selbst im Wasserspiegel eines Teiches erblickte. Wie jedes Märchen isoliert dieser Mythos eine archaische, d. h. normalerweise überholte Eigenschaft des Menschen. Der Jüngling Narkissos hat die narzißtische Liebe zu spät erfahren, er liebte sich so sehr, daß er die Liebe der Nymphe Echo verschmähte. Er wurde von den Göttern in einer sehr eigentümlichen Weise bestraft. Ja wurde er überhaupt bestraft? Er wurde nämlich in die liebliche Blume Narziß verwandelt und lebt also ewig, solange diese Blumen existieren. Er führt ein vegetatives Dasein, das unser Auge erfreut.

Die Entdeckung *Freuds* ist kein solches Ärgernis und auch nicht so phantastisch, wie man es unvorbereiteterweise annehmen könnte. Wie jeder große Entdecker war *Freud* manchmal einseitig auf seine eigene Entdeckung eingestellt. Er wußte jedoch genau, daß, indem er an den tiefsten Schichten unseres Werdens rüttelte, er nicht umhin konnte, große affektive Widerstände hervorzurufen. Die Devise seines Wirkens entlehnte er *Vergil: acheronta movebo* – »ich werde die Tiefen der Unterwelt aufrütteln«.

Es mag fast unwahrscheinlich klingen, aber auch das heilige Buch der Juden und der Christen nimmt das Fundament der Selbstliebe als selbstverständlich und sogar exemplarisch an. Die Bedingung, die die Heilige Schrift dabei stellt, ist allerdings, daß der Mensch nicht wie Narkissos es dabei bewenden lasse, sondern daß er die Selbstliebe auf die Mitmenschen erweitern soll. Im 3. Buche Moses steht geschrieben: »Liebe deinen Nächsten wie dich selbst.« Und

Jesus machte aus dieser Vorschrift sein Lieblingszitat, ja eigentlich das einzig Wichtige seiner Heilslehre. Die Heilige Schrift bezweifelt also nicht, daß der Mensch sich selbst liebt, ja sich selbst lieben soll. Denn das Maß der Selbstliebe ist für die Heilige Schrift das Maß jener Liebe, die er imstande sein wird, dem Mitmenschen zu schenken.

So merkwürdig es ist, die Menschenlehre *Freuds* ist dieser Forderung der Bibel ganz ähnlich, wie in der Bibel überhaupt sehr viele psychologische Wahrheiten enthalten sind. *Freud* definiert den Narzißmus als Selbstliebe, machte aber auch aus dieser Selbstliebe das Maß jener Liebe, die der Mensch imstande sein wird, im Laufe der Entwicklung – der gelungenen, der optimalen Entwicklung – anderen Menschen zu schenken. Die Selbstliebe, die nicht entwicklungsfähig ist, ist bereits ein pathologischer Zustand; mit der Zeit haben die Psychoanalytiker gelernt, den »Narzißmus« vom »Autismus« zu trennen. Der Narzißmus ist ein normaler vorübergehender Zustand, der Autismus ist eher eine Störung, die den Menschen liebesunfähig macht.

Der Narzißmus ist also nur bedingt als Selbstliebe zu bezeichnen. Er ist vielmehr die Quelle aller Liebe. Wenn das Schicksal des Narzißmus ausschließlich zur Selbstliebe führt, so ist das ein Zeichen dafür, daß die Lebensgeschichte des Menschen gestört wurde und autistische Züge zeigt. In dieser Terminologie ist der Autismus ein gescheiterter Narzißmus, eine unglückliche Liebe, die pathologische Züge trägt. Sollten wir den Ausspruch der alten Frau in der eingangs wiedergegebenen Geschichte ernst nehmen – und in irgendeinem Maß müssen wir ihn ernst nehmen – so können wir sagen, daß wir hier einen nicht glücklich aufgehobenen Narzißmus, also eigentlich autistische Züge sehen.

Die Symbiose als »Schule der Liebe«

Wann aber in der Lebensgeschichte ist das primäre Stadium (das später also aufgehoben sein sollte) des Narzißmus normal, ja notwendig? Durch das Studium der psychischen Störungen, also der narzißtischen oder, besser gesagt, bereits autistische Spuren im Erwachsenen und durch die genaue Beobachtung der Neugeborenen und Kleinkinder (hier hat René A. *Spitz* Pionierarbeit geleistet) hat die Psychoanalyse beweisen können, daß – wie übrigens nicht anders zu erwarten war – der Narzißmus den unmittelbar nach der Geburt folgenden Lebensabschnitt kennzeichnet.

Dies muß aber begründet werden: Schon das Neugeborene der höheren Tiere braucht eine Zeit der Pflege und dann der Erziehung durch das Muttertier. Dabei spielen die Instinkte, d. h. angeborene Verhaltensmuster, die durch die Umwelt zum Funktionieren angeregt werden, bei allen Tieren, auch bei den Herrentieren oder Primaten, die in der Entwicklungsgeschichte der Tiere unsere nächsten Verwandten sind, eine ungleich bedeutendere Funktion als bei den Menschen. Nicht, daß der Mensch, wie manchmal geglaubt wurde, instinktarm wäre, aber die Möglichkeiten des Menschen sind potentiell unbegrenzt. Der Mensch ist nicht in der Natur eingebettet, sondern er schafft die menschliche Kultur. Der Mensch ist ein historisches Wesen. Er ist also in einem ungleich größeren Maß als seine tierischen Verwandten auf die Erziehung seiner Vernunft und seiner Gefühle angewiesen. Er ist aber auch entsprechend hilfloser bei der Geburt. Das neugeborene Kind, ja noch das Kleinkind ist lebensunfähig, falls es nicht ein großes Maß an Liebeszuwendung und Pflege von seiner Umgebung genießt. In dieser Umgebung ist die Rolle der Mutter in der ersten Zeit seines Lebens ganz entscheidend. Ein Wort des Soziologen Georg *Simmel* gebrauchend hat der Psychoanalytiker *Spitz* dieser engsten Beziehung zwischen Mutter und Kind den Namen »Dyade« (man sagt auch Dual-Union, Dual-Einheit) gegeben. Dieser Begriff besagt, daß, um überleben zu können, das neugeborene Kind so viel Liebe und Pflege braucht, daß die nachgeburtliche Zeit eigentlich noch immer eine Einheit Mutter/Kind darstellt. Eine solche fast vollständige Einheit zweier Lebewesen nennt man »Symbiose«. In der Symbiose, welche in der Dyade Mutter/Kind stattfindet, kann das Kind noch keine aktive Liebe empfinden und bezeugen. Das Kind ist gleichsam Gegenstand der Liebe und alle Lustgefühle, die es braucht, werden ihm durch die Mutter zuteil. Das Neugeborene und eine Zeit lang das Kleinkind verfügen noch nicht über jene psychische Instanz, die uns so selbstverständlich erscheint und die das »Ich« genannt wird. Das Ich bildet sich nämlich erst allmählich gerade durch die vorsichtige und optimale Trennung des Kindes von der Umwelt. In der Zeit der Symbiose ist das Ich der Mutter stellvertretend zugegen für das spätere Ich des Kindes. Das Kind selbst führt eine Art vegetatives Dasein – ein bißchen wie die Blume, in die Narkissos verwandelt wurde – und braucht weitgehend den Schutz gegen die Einflüsse und die Störungen, die aus der Außenwelt auf es zukommen.

Wenn wir über den Zustand der Symbiose näher nachdenken, so kommen wir darauf, daß, obwohl das Kind keine aktive Liebe geben kann, dieser Zustand dennoch keine reine »Selbstliebe« ist. Zuerst im Leibe der Mutter aufgehoben und nach der Geburt noch immer ich-los, kann das Kind die Grenzen seines Selbst nicht erkennen. Wenn also die Dyade Mutter/Kind glücklich verläuft, so ist das Glück des Kindes keineswegs mit der Liebe seiner selbst im erwachsenen Sinne identisch. In der Symbiose lernt das Kind, ohne es zu wissen, Beziehungen zu einem Menschen zu entwickeln. Wir Erwachsenen können diesen Zustand sehr schwer nachvollziehen. Die Mutter ist für das Kind noch kein »fremdes Objekt«, sondern ein Teil von ihm selbst oder, was das gleiche ist, das Kind ist ein Teil von der Mutter. Erst allmählich durch tägliche Erfahrungen wird das Kind merken, daß die Mutter gleichsam außerhalb des Kindes ist, und es wird in Beziehung zu diesem »Objekt« treten. Das kann somit nur dann wirklich gelingen, wenn es zuerst voll und ganz in der Dyade Mutter/Kind aufgeht. Aber auch und besonders die glückliche Symbiose stellt eine Entwicklung auf die Welt hin dar. Die Entwicklung auf die Welt hin ist die Entwicklung auf den Menschen hin; normalerweise auf die Mutter und erst allmählich auf die anderen Bezugspersonen der Umwelt.

Bereits in diesem frühen Entwicklungsstadium ist, wie oben angedeutet, der Narzißmus mit dem Autismus nicht zu verwechseln. Der Narzißmus ist ein durchaus aktiver Übergang, ist eine Entwicklung, also kein in sich geschlossener Zustand, wie es der Autismus zu sein versucht.

Die anfängliche Nicht-Unterscheidung der Grenzen zwischen dem eigenen Selbst und dem Selbst der Mutter ist tatsächlich eine überaus aktive Schule für die Zukunft. Daß ein Selbst in einem anderen aufgehoben ist, heißt doch, daß die primären Wünsche und Empfindungen des Selbst auf das andere Selbst übertragen werden. Dieses Teilhaben und Teilsein ist eine der Wurzeln der späteren »Objektbeziehungen«. Letztere werden nur durch Projektionen und Introjektionen ermöglicht. Das sind psychoanalytische Begriffe, die in etwa bedeuten, daß die eigenen Wünsche und Empfindungen auf den anderen übertragen und allmählich im anderen verstanden werden, so wie auch umgekehrt die Wünsche und Empfindungen des Mitmenschen allmählich als eigene empfunden und verstanden werden.

Dies alles ist dank der Ein- und Ausdrucksfähigkeit des Organismus möglich und nennt sich Kommunikation. Auf der menschlichen Ebene ist ein wesentlicher Teil der Kommunikation durch die Sprache gewährleistet. Doch die Sprache wird sich gerade aus der optimalen Symbiose entwickeln und wird erst durch diese Symbiose einmal ermöglicht. Die Kommunikation in der Symbiose bereitet zwar die Aneignung der Sprache (durch das Sprechen der

Mutter) vor, vollzieht sich aber weitestgehend auf einer vorsprachlichen Ebene, die man averbale oder nonverbale Kommunikation nennt.

Schon in seinen frühesten Schriften hat *Freud* beschrieben, daß die totale Abhängigkeit des Kindes von der Umgebung – normalerweise von der Mutter – die Quelle aller späteren Entwicklung ist. Damit es zu einer Entmischung zwischen den beiden Polen der Symbiose und zu einer Zuwendung zu den »Objekten«, vor allem also zu den Mitmenschen kommt, muß das aktive Stadium des Narzißmus glücklich und befriedigend sein. Nur so kann es zu einer normalen Entmischung zwischen dem eigenen Selbst und dem anderen Selbst kommen. Wir können also wahrhaftig den Narzißmus als »Schule der Liebe« bezeichnen, denn so, wie die Selbstliebe des Narzißmus ist, so wird auch die Liebe zum Nächsten sein. Das Selbst in der narzißtischen Phase ist in Wirklichkeit eine Dual-Einheit, ein Dual-Selbst. Es ist ein ich-loses Selbst zu zweit. Das normale narzißtische Stadium ist keine Einsamkeit, sondern eine Zweisamkeit, die ein Vorbild der späteren Liebesfähigkeit und Solidarität sein wird.

Doch auch dieses scheinbar früheste Stadium der menschlichen Entwicklung und der künftigen Sozialisation (Integration des Menschen in der Gesellschaft) setzt nicht mit dem Tag der Geburt an. Der neue Mensch wird durch das Zusammenwirken zweier Menschen in eine Gesellschaft hineingeboren, und sein Dasein ist weitgehend vor seiner Geburt mittelbar und unmittelbar bedingt.

Kapitel I
VORGEBURTLICHE ANFÄNGE DES NARZISSMUS UND DER SOZIALISATION

Über den Beginn des Lebens

Die in manchen europäischen Ländern stattgefundene oder stattfindende Liberalisierung des Schwangerschaftsabbruches hat sehr lebhafte Diskussionen in der Öffentlichkeit hervorgerufen. Auch die Wissenschaftler haben zu diesen Diskussionen ihre Argumente beigesteuert. Doch im großen und ganzen wurde die Auseinandersetzung auf einer emotionalen und ideologischen Basis geführt. Extreme Argumente wie etwa: »Abtreibung ist Mord« oder »Mein Bauch gehört mir« sind als rein emotionell zu betrachten und trugen wenig zur Klärung des zugegebenerweise recht schwierigen und widersprüchlichen Sachverhaltes bei.

Eine grundlegende Tatsache für die Versachlichung dieser Diskussion ist die in der menschlichen Gattung vollzogene Trennung zwischen Sexualität und Fruchtbarkeit. Die Fruchtbarkeit ist seit langem kein primäres Ziel der sexuellen Vereinigung, und es wird allmählich mehr und mehr anerkannt, daß die Sexualität zur eigenen und gegenseitigen Freude, Bestätigung und Entfaltung dient. Zunehmend werden der Sexualität eigene Ziele und Rechte zuerkannt. Wir sehen, daß die biologischen Tatbestände – wie es mit allen biologischen Tatbeständen des Menschen ist – durch die Sozialisation verändert werden. Durch die verschiedenen Maßnahmen zur Verhütung der Geburt verliert die menschliche Sexualität den rein schicksalhaften Charakter, den sie bei den Tieren aufweist. Es ist wohl anzunehmen, daß die Sexualität seit vorgeschichtlichen Zeiten weitgehend »manipuliert« wurde und nicht nur der absichtlichen Fruchtbarkeit diente. Dieser Prozeß ist zu unserer Zeit fast vollendet. Die Sterilität kann nach Wunsch herbeigerufen oder abgelehnt werden; wissenschaftliche Untersuchungen werden uns bald erlauben, das Geschlecht eines Kindes zu bestimmen und die Krankheiten im embryonalen Stadium festzustellen. Auch der viel diskutierte Schwangerschaftsabbruch ist nur als ein Faktor dieser Entwicklung zu betrachten. Heute steht der Abbruch fast immer als Lösung eines menschlichen (und eigentlich meistens vermeidbaren) Konfliktes, aber – entgegen der voreiligen Meinung mancher Moralisten – kennzeichnet keineswegs einen sittlichen Verfall.

Nebenbei bemerkt, auch der Gebrauch der kontrazeptiven Mittel – die bislang sicherste und bequemste Methode zur Vermeidung der Schwangerschaft – kann nur im gesellschaftlichen Kontext untersucht werden. Die Oberschicht der reichen industriellen Länder beherrscht am meisten diese Methode, die allerdings die grundsätzliche Diskussion über den Schwangerschaftsabbruch eigentlich nur verschiebt, ohne sie zu lösen. In der »Dritten Welt« sowie in den »niedersten« Schichten der industriellen Gesellschaft ist noch die vernünftige Familienplanung weitgehend unerreichbar oder aber die »Pille« wird zynisch zum Mittel, auf diese Weise mit dem Problem der stets mehr oder minder vorhandenen Hungersnot und Überbevölkerung fertig zu werden.

Jedenfalls sehen wir, daß das angeblich biologische Problem eine gesellschaftliche Dimension annimmt. Die Frage nach der moralischen und gesellschaftlichen Zulässigkeit des Schwangerschaftsabbruches kann nicht nur biologisch beantwortet werden und bedarf für die Beantwortung der gesellschaftlichen Dimension.

Die »Biologisten« sind, vereinfachend gesagt, der Meinung, daß das neue menschliche Leben mit der Zeugung beginnt. Sie haben recht darin, daß die Zeugung tatsächlich ein neues Leben bedeutet. Selbstverständlich ist der Embryo noch kein voller Mensch, doch wird auf die Schwangerschaft als ununterbrochener Prozeß hingewiesen, der von der Zeugung bis zur Geburt kontinuierlich verläuft. Auf der anderen Seite wiederum wird manchmal die Abtreibung auch durch biologische Argumente gestützt, und man macht dabei geltend, daß es eine Schwelle gibt, bis zu welcher man nicht vom eigentlichen menschlichen Leben sprechen darf. So stützen sich die Verteidiger der sogenannten Fristenlösung auf den richtigen Tatbestand, daß kein Prozeß regelmäßig und geradlinig verläuft, sondern ständig durch Widersprüche und qualitative Sprünge in der Entwicklung gekennzeichnet ist. Man macht uns auf die Tatsache aufmerksam, daß einzig das bewußte Leben für den Menschen arteigen ist. Das setzt eine gewisse Entwicklung des Zentralnervensystems voraus, die etwa im fünften Monat der Schwangerschaft einsetzt.

Doch auch diese, wiewohl schon besser fundierte Argumentation ist vielleicht zu sehr biologisch. Bis jetzt erlauben uns experimentelle Befunde keine klare Abgrenzung der qualitativen Phasen der Entwicklung. Zwar stehen in den ersten vier Monaten der Schwangerschaft die Zellen der Gehirnrinde noch nicht in der vollen wechselseitigen Verbindung, aber schon vom 70. Tag der Schwangerschaft an sind an der Gehirnknospe des Embryos elektrische Ströme feststellbar; dieser Befund bedeutet, daß gewisse Zellanhäufungen bereits miteinander verbunden sind. Allerdings sind auch andere Datierungen denkbar. So will der Psychoanalytiker Max *Schur* den Zeitpunkt des Anfangs für eine »menschliche Psychologie« dort feststellen, wo der Wunsch an die Stelle des nackten Bedürfnisses tritt, was möglicherweise erst Wochen nach der Geburt stattfindet. Auch haben Margaret S. *Mahler* und Manuel *Furer* darauf aufmerksam gemacht, daß ein merklicher Anstieg der Sensibilität erst etwa ab der fünften Woche nach der Geburt eintritt, daß also in der symbiotischen Phase die erste Differenzierung des Kindes an der Dyade möglich ist. Niemand kam allerdings auf die Idee, deshalb eine Kindestötung in den ersten Wochen nach der Geburt zu liberalisieren; es scheint wohl, daß der Akt der Geburt wenigstens in unserer Kultur als die entscheidende erste »Verselbständigung« eines neuen Lebens betrachtet wird.

So tasten wir uns hindurch zu der noch unklaren Angabe, daß die affektiven Beziehungen zwischen Mutter und Kind irgendwann von entscheidender Bedeutung sein sollen. Mit der Geburt sind sie normalerweise voll ausgebildet. Wie oben erwähnt ist ein neues Leben mit dem Augenblick der Zeugung verknüpft. Dieses Leben ist allerdings noch monatelang als solches noch nicht charakteristisch für das spätere menschliche Leben. Um jede Möglichkeit des Schwangerschaftsabbruches zu verhindern, muß man zu einem philosophischen Kunstgriff Zuflucht suchen und von einem »latenten« oder »potentiellen« menschlichen Leben in bezug auf den Embryo sprechen. Aber auch bei manchen bereits geborenen Individuen, etwa bei denen mit angeborenen Zerebralschädigungen, stellen wir mitunter die Unfähigkeit fest, über ein fast vegetatives Leben hinauszugelangen. So zeigt uns das klinische Bild des tiefsten Schwachsinns (Idiotie) ein unbestreitbar vom Menschen geborenes Wesen, das in seiner Entwicklung tief unter der eines höheren Tieres steht. Hierin liegt zugegebenerweise ein Argument für die Gegner jedes Schwangerschaftsabbruches, nämlich, daß eine gerade Linie von der Unterbrechung des keimenden Lebens bis zur Unterbrechung eines – in faschistischer Terminologie sogenannten – »lebensunwerten Lebens« führen könnte. Dieses Argument ist allerdings rein spekulativ, da im allgemeinen die Verhütung der Geburt wenig psychologische Verbindung zu der Tötung der zerebral geschädigten Kinder aufweist. Die Geburt ist tatsächlich eine Schwelle, die auch wahrscheinlich tiefenpsychologisch viel wirksamer ist, als man uns noch beweisen kann, nach der das neue Individuum leiblich sein »Da-sein« beginnt. Es bedarf einer ganz anderen ideologischen Motivation, die Schwangerschaft zu verhindern oder abzubrechen, als einen bereits geborenen,

auch noch so hilflosen und unentwickelten Menschen um-
zubringen. Auch hier tasten wir uns wieder hindurch zu
der eigentlichen psychologischen Motivation: den geborenen Mitmenschen soll man auf jeden Fall akzeptieren. Die
Moral der Geschichte, wenn man so sagen darf, ist es, daß
eine solche Akzeptierung des neuen Menschen wenigstens
im Ideal verlangt wird. Aber ist eine solche Akzeptierung
bereits von Anfang einer Schwangerschaft notwendigerweise gegeben?

Normalerweise (d. h. nimmt man eine normale Entwicklung der Schwangerschaft an) ist der Fötus (ja bereits
der Embryo) auf dem Wege, einmal volle menschliche
Kennzeichen zu erwerben. Man ist eigentlich nicht berechtigt, in irgendeinem Stadium des intra-uterinen (pränatalen) Lebens von einem nicht-menschlichen Leben zu sprechen; vielmehr handelt es sich um ein gleichsam proviso-
risches Niveau, um eine Ebene, die normalerweise zu dem
richtigen menschlichen Leben führen wird. Der eigentliche
Anfang des personalen Lebens (eines Lebens, das dank der
Sozialisation sich vom Leben der Tiere und der Pflanzen
unbestritten unterscheidet) ist also biologisch nicht feststellbar, wie übrigens kein Anfang eines jeden komplizierten Prozesses (ist der Samen schon der Baum?). Das Indi-
viduum-Werden des Embryo ist eine künftige Möglichkeit,
die sogar auf »natürliche« Weise unterbrochen werden –
so durch eine Fehlgeburt – oder nicht voll auf natürliche
Weise erreicht werden kann: dazu braucht dieses Indivi-
duum-Werden die Sozialisation, welche im pränatalen
Stadium beginnt.

Die Sozialisation als Akzeptierung

Wir sprechen nicht von einem abstrakten Individuum,
sondern müssen das annehmen, was Karl *Marx* als Ensemble (Gesamt) der wirklichen gesellschaftlichen Verhältnisse nennt. Das Individuum existiert nicht an und für

sich und könnte sogar als Einzelwesen nicht existieren.

Harry F. *Harlow* erstellte mit seinen Mitarbeitern grobe Attrappen von Rhesus-Affen, die für kleine Rhesus-Affen die Rolle der Mutter spielen sollten. In einer der berühmten Experimentierreihen gab es eine Attrappe aus Draht, die aber imstande war, Milch zu spenden; die andere Attrappe gab keine Milch, war dafür zottig und spendete Wärme. Die kleinen Rhesus-Kindchen ernährten sich wohl bei der »kalten« Mutter, hielten sich aber bei der »warmen« auf. Zahlreiche »Kaspar-Hauser«-Versuche wurden in den fünfziger und sechziger Jahren von verschiedenen Autoren durchgeführt und insbesondere durch Emil *Schmalohr* zusammengefaßt; sie zeigten übereinstimmend Schäden bei den von ihren Müttern isoliert aufwachsenden höheren Tieren.

Wir sollten an dieser Stelle ein Gedankenexperiment versuchen. Wir können uns vorstellen (das ist im heutigen Zustand der Technik schon wahrscheinlich machbar), daß ein neugeborenes Wesen unmittelbar aus dem Leibe der Mutter in eine entsprechend eingerichtete Isolierkammer verlegt wird. Diese Isolierkammer könnte die weitere Entwicklung des Wesens etwa durch Osmose ermöglichen, würde aber jeden Reiz und jeden Kontakt unterbinden. Ein solches Wesen wäre biologisch geboren, aber von der Gesellschaft, d. h. zunächst von der notwendigen Symbiose mit der Mutter ausgeschlossen. Da ein solches Experiment nicht unternommen wurde und höchstens im Rahmen der pseudowissenschaftlichen Versuche eines Konzentrationslagers gelingen könnte, wissen wir nicht, wie lange ein solches biologisch geborenes aber gesellschaftlich nicht geborenes Wesen das Leben fristen könnte. Eines ist sicher, dieses Wesen würde keine Kontakte zur Welt entwickeln können und bliebe gleichsam ich-los, da das Ich sich eben an der Sozialisation und zunächst einmal an der Symbiose zu entwickeln vermag.

Eine Vorstufe zu diesem grausigen Gedankenexperi-

ment finden wir bereits in der Legende um den Kaiser
Friedrich II. Dieser wollte feststellen, welche Sprache den
Menschen angeboren ist, sozusagen außerhalb jeder Sozialisation. Er ließ angeblich Neugeborene zwar durch Am-
men betreuen, aber verbot diesen jede sprachliche Kommunikation zu den Kindern. Interessanterweise behauptet
die Legende, daß alle Kinder starben. Sicher ist aber, daß
solche Kinder schwere Kommunikationsstörungen gehabt
und keine Sprache erlernt hätten. Die Legende zeigt uns in
märchenhafter Weise die schwierige Dialektik des menschlichen Wesens: auf der einen Seite ist der Mensch tatsächlich angeborenerweise mit der Fähigkeit zur Spracherler-
nung ausgestattet; doch diese angeborenen »Mechanismen« brauchen noch, um funktionieren zu können, einen
entsprechenden Auslöser – in diesem Fall die menschliche
Kommunikation von seiten der Mutter oder deren Ersatz,
jene Wärme, Liebe und Kommunikation, von der wir in
der Einleitung sprachen. Die biologische Geburt genügt
also nicht, um aus dem biologisch Geborenen einen Menschen zu machen. Dazu ist noch die Sozialisation notwendig, die nicht nur bei der Geburt sondern schon vor der Geburt, wie wir sehen werden, einsetzt. Nur sozialisiert kann
das Individuum leben und sich entwickeln.

Was ist aber die erste Hauptvoraussetzung für dieses
Leben und diese Entwicklung? Das ist zweifellos die Akzeptierung des Individuums durch die Gesellschaft in irgendeiner Form der Familie (das muß keineswegs die jetzt
bekannte Kleinfamilie sein) und vor allem anfangs von
der Mutter (auch diese muß nicht unbedingt die biologische Mutter sein). Ob man es will oder nicht, das Dasein
des Menschen ist vom gesellschaftlichen und subjektiven
Faktor der Akzeptierung abhängig, ein Faktor, der durch
kein noch so gut gemachtes Gesetz gewährleistet werden
kann. Dieser Faktor der Akzeptierung ist meistens weder
voll bewußt noch frei entschieden: er setzt aber sowohl die
bewußte Gesittung als auch noch mehr die unbewußte

Bindung voraus. Es bedarf nicht unbedingt einer offiziellen Erklärung der Akzeptierung, geschweige denn der Gesetzestreue. Selbstverständlich wirken auch in dieser Akzeptierung biologische Momente. Wir wissen z. B., daß normalerweise der erwachsene Mensch an das sogenannte Kindchenschema weitgehend gebunden ist: genau wie alle höheren Tiere neigt der unverbildete Mensch dazu, ein neugeborenes Kind oder sogar ein tierisches Kindchen zu pflegen und überträgt gewisse Merkmale des wirksamen Schemas (z. B. charakteristische Eigenschaften der kindlichen Physiognomie) auf Individuen, die er dann für schutz- und zärtlichkeitsbedürftig empfindet (zu solchen Merkmalen gehören die Stupsnase, das runde Gesicht, große Augen und dergleichen mehr; die Reklame und die Trivialkunst machen von solchen kindlichen Merkmalen reichlich Gebrauch, um den Erwachsenen gleichsam akzeptierend zu stimmen).

Die Sozialisation als Anerkennung der Unabhängigkeit

Wenn sie auch nicht immer bewußt wird, so ist die Verantwortung der Erwachsenen dem neuen Leben gegenüber nicht aus der Welt zu schaffen. Diese Verantwortung ist letztlich eine Entscheidung von Person zu Person innerhalb der gesellschaftlichen Verhältnisse. Deshalb kann die Suche nach objektiven biologischen Kriterien für die Entstehung des Menschen im Embryo zu einer bequemen Art werden, sich der wirklichen Verantwortung durch die Akzeptierung des künftigen Mitmenschen zu entziehen. Diese Verantwortungslosigkeit ist auch dann vorhanden, wenn man theoretisch die Unantastbarkeit des keimenden Lebens respektiert, deswegen aber noch lange nicht dieses Leben persönlich und gesellschaftlich akzeptieren kann. Es gibt auch genügend Widersprüche in der extremen Haltung der Lebenshüter, die jede Form des Schwangerschaftsabbruches oder sogar der Schwangerschaftsverhütung ablehnen, aber z. B. zugunsten der Todesstrafe oder für eine Legitimation des Krieges eintreten.

Die menschliche Natur kann unpersönlich und unsozialisiert nicht vorhanden sein. Das Leben ist keine abstrakte Zuständlichkeit, sondern eine Antwort von seiten der Gesellschaft und in erster Linie von seiten der Eltern und der Mutter. Dem Kind wird durch die Eltern kein abstraktes Leben und keine unsozialisierte Natur vermittelt, sondern, wenn schon das Leben vermittelt wird, darüber hinaus auch die Voraussetzungen, die eben ein menschliches Leben nötig hat.

Die künftige Eigenständigkeit des geborenen Menschen ist nur durch einen Bezug auf Mitmenschen gewährleistet. Diese Eigenständigkeit des Menschen bedeutet, daß sich der Mensch zwar weigert »aus fremder Kraft heraus zu existieren« (A. *Wucherer-Huldenfeld*), aber darauf Anrecht hat, so sozialisiert zu werden, daß er beanspruchen kann, ein unabhängiges Wesen eigenen Ursprungs zu sein. Mit anderen Worten: Gerade in der tiefen Abhängigkeit des Menschen während der perinatalen Zeit (vor und unmittelbar nach der Geburt) ist die Forderung begründet, diese tiefe Abhängigkeit zu überwinden und aufzuheben im unabdingbaren Wert des eigenen Daseins.

Wir haben es gesehen: das Unterbrechen oder das schlechte Funktionieren der Sozialisation nach der Geburt zeitigt Folgen, die der Entwicklungspsychologie und der Psychoanalyse sehr genau bekannt sind. Nur ist die Ablehnung, die auch bewußt und unbewußt ist, von seiten der Umgebung nicht etwa ab dem Tag der Geburt wirksam. Sie wird immer irgendwann bei der Angst vor der Schwangerschaft oder bei der Ablehnung der Schwangerschaft selbst beginnen. Gewiß kann diese Ablehnung mit ihren sehr tiefreichenden Gefühlen und Empfindungen gerade während der Schwangerschaft oder bald nach der Geburt einer Akzeptierung weichen.

Dieser Umstand verleiht der Verantwortung vor und

während der Schwangerschaft ihre ganze Bedeutung. Dies bedeutet aber, daß man der Verantwortung vor dem kommenden Leben nicht durch Vertröstung auf die Zeit nach der Geburt entrinnen kann. Die tiefen Schädigungen des personalen und sozialen Lebens durch die Ablehnung des Kindes haben wir in der Einleitung angedeutet und werden sie noch näher im II. Kapitel beleuchten. Jetzt schon sei darauf hingewiesen, daß das Schicksal des Menschen wesentlich von der Sozialisation abhängig ist und daß letztere bereits im uterinen Leben beginnt. Die Sozialisationsfehler verletzen die Humanität auf das schwerste nicht erst nach der Geburt des Kindes sondern auch vor der Geburt desselben, falls sie durch eine klare Entscheidung nicht vorbeugend verhindert wird.

Jeder Schwangerschaftsabbruch, um dieses Thema wieder aufzunehmen, ist zweifellos ein großes Übel für die Mutter und für den Fötus. Es fragt sich aber, ob nicht ein noch größeres Übel in der Verweigerung der Sozialisation durch die Nicht-Akzeptierung des bereits geborenen Kindes gegeben ist. Psychologisch und gesellschaftlich gesehen kann es ein geringeres Übel sein, ein noch nicht geborenes Leben vor der Geburt zu unterbrechen, als es zwar vor der Geburt zum Tabu zu machen und es dafür nach der Geburt dem geistigen, sozialen und mitunter auch physischen Tod preiszugeben. In der Abwägung der Alternativmöglichkeit ist eine große Verantwortung für die Gesellschaft und für das Individuum enthalten. Ein Parteigänger der Unantastbarkeit des keimenden Lebens muß sich nicht unbedingt genug Rechenschaft über die unmenschliche Weise geben, mit der über das Leben des zu gebärenden Kindes und des heranwachsenden Menschen verfügt wird. Hier wird allzuoft im Namen von abstrakten Grundsätzen die Wahl eines größeren Übels vollzogen. Gerade weil die Sozialisation oder doch ihre Vorformen im pränatalen Leben zu wirken beginnen, muß eine möglichst frühe bewußte Entscheidung über die Fortsetzung dieser Sozialisation gefällt werden. Ferner, gerade weil eine Schwangerschaftsunterbrechung immer einen üblen Eingriff in die psychischen, biologischen und gesellschaftlichen Prozesse bedeutet, ist die Gesellschaft verpflichtet, bei der Liberalisierung des Schwangerschaftsabbruches für wirksame Alternativen zu sorgen, indem sie z. B. asoziale Wirkungen einer unerwünschten Geburt konkret abbaut.

Die Wege der Sozialisation werden vor der Geburt nicht nur theoretisch weitgehend festgelegt. Sogar unmittelbar wirkt die Einstellung der schwangeren Frau auf den Verlauf der Schwangerschaft und somit auf das Wohlbefinden und die spätere Gesundheit des Fötus. Zahlreiche Untersuchungen zeigen dies mit Sicherheit; sehr ausführliche Zusammenfassungen dieser Faktoren werden von G. *Rottmann* und M. *Lukesch-Tomann* zusammengetragen.

Nirwana-Prinzip und »Todestrieb«

Je früher also eine eventuell grausame Entscheidung getroffen werden muß, falls sie es muß, desto besser, denn das psychische Leben des Fötus ist nach neuen Erkenntnissen differenzierter als man früher angenommen hatte. Selbstverständlich ist es noch ein rudimentäres psychisches Leben, aber es bleibt in der Entwicklung nicht stationär, gerade weil sich die Leibesfrucht vom Tag der Zeugung bis zur Geburt entwickelt. Und, wie soeben vermerkt, diese Entwicklung kann bereits gewissen Störungen ausgesetzt sein. Im großen und ganzen weist das pränatale Leben eine Eigenschaft auf, die wir mit unserem erwachsenen Verstand kaum nachvollziehen können. Nur in manchen privilegierten Augenblicken, worin das Bewußtsein weitestgehend ausgeschaltet ist zugunsten eines glückhaften Empfindens, kann eine gewisse Analogie zu diesem pränatalen psychischen Zustand gesucht werden. Vollkommen Ich-los und durch den Organismus der Mutter normalerweise geschützt, kennt das pränatale Leben fast keine

Spannungen und steht noch dem Prinzip der Homöostase am nächsten; das bedeutet, daß unangenehme Reize und schon gar Konflikte ausgeschaltet sind. Eine solche für uns Erwachsene schwer vorstellbare Lebenseigenschaft ist vielleicht am glücklichsten mit dem »Nirwana-Prinzip« umschrieben, worin *Freud* eine Zeit lang das Ziel des Lebens schlechthin sah und das für die Bezeichnung des pränatalen Lebens von Gustav H. *Graber* wieder in den Mittelpunkt der Betrachtung gerückt wurde. Es ist hierbei zu bedenken, daß jeder Mensch, der doch einmal zum Erleben der Widersprüche und zum Bewußtwerden der Konflikte berufen sein wird, zunächst doch durch ein solches Nirwana-Stadium durchgeht. Dieses Stadium muß ihn am Anfang seines Lebens entscheidend prägen, und sei dies nur im Sinne einer Konditionierung der Reflexe, was erst später mit Hilfe der dazugekommenen Erinnerungsspuren zu Erfahrung wird. Die Erfahrung ist im strengen Sinn des Wortes im pränatalen Leben physiologisch noch nicht möglich, und doch sind die durchlaufenen glücklichen oder vorzeitig unglücklichen Empfindungen für spätere Erfahrungen von grundlegender Wichtigkeit. Dieser Gesichtspunkt wurde bislang ungenügend berücksichtigt und öffnet uns Ausblicke auf die jedem Menschen innewohnende Dialektik zwischen den Lebenstrieben und der Tendenz zur Homöostase (d. h. zum Abbau der Spannungen). Diese Tendenz zur Homöostase ist wahrscheinlich weniger durch die an sich nicht nachvollziehbare Erfahrung des Todes als eben durch das tatsächlich pränatal durchlaufene Erlebnis des Nirwana bedingt. Das, was Sigmund *Freud* »Todestrieb« nannte, ist höchstwahrscheinlich nur durch die Erfahrung des Leidens zu einem psychologischen Todesprinzip geworden; demgegenüber mag das Nirwana-Prinzip eher versöhnlich und friedlich wirken.

Nach *Graber* hat auch Friedrich *Kruse* psychoanalytische Untersuchungen über Erinnerungsspuren, die von den pränatalen Empfindungen herrühren, angestellt. Das

Untersuchungsmaterial besteht aus einer Sammlung von Befunden, Symptomen und vor allem Träumen und Bildern. Das Material wurde dokumentiert, datiert und durch psychoanalytische Methoden gedeutet. Deutungen lassen sich immer nur in Grenzen verifizieren und bleiben bis zu einem gewissen Grad problematisch, denn es besteht immer die Gefahr des Hineininterpretierens oder der willkürlichen Auslegung von Befunden. Doch gilt es, das Unverständliche durch Rückführung auf bekannte oder am Grund vermutete Tatsachen verständlich zu machen. So konnte der Nachweis der frühesten Bewußtseinsinhalte erbracht werden, welche vielfach Deckerinnerungen für das pränatale Leben zu sein scheinen.

Manche schwierige Gedankengänge *Freuds* werden uns jetzt verständlicher. Schon im Jahre 1913 stellt *Freud* in seinem psychoanalytischen Kommentar zu einer bekannten Szene aus dem *Kaufmann aus Venedig* von *Shakespeare* eine Parallele auf zwischen der Wahl eines der drei Kästchen an dieser Szene und der Wahl zwischen den drei Schwestern in *König Lear* auf der einen Seite, und mit den drei für den Mann unvermeidlichen Beziehungen zur Geburt und zum Tod auf der anderen Seite. Die drei zur Wahl stehenden Möglichkeiten sind für *Freud* die Gebärerin, die Genossin und die Todesgöttin. Oder auch anders ausgedrückt: die Mutter selbst, die Geliebte, die der Mann irgendwie nach dem Ebenbild der Mutter wählt und zuletzt die Mutter Erde, die ihn wieder aufnimmt. Der alte Mann – in der Gestalt des Königs – »hascht vergebens nach der Liebe des Weibes, wie er sie zutiefst von der Mutter empfangen. Nur die dritte der Schicksalsfrauen, die schweigsame Todesgöttin wird ihn in ihre Arme nehmen«. Diese Gedankengänge *Freuds* werden ihn Jahre später zu der hypothetischen Annahme eines »Todestriebes« führen – weil das Anorganische, das Nicht-Lebende früher da war als das Lebende; und das Lebende zu dem Frühstadium der Spannungslosigkeit zurückkehrt. Doch die Erfahrung des Lebenden, des Menschen zumal, hat ihn mit Sicherheit durch einen pränatalen Anfang der relativen Spannungslosigkeit des Bei-sich-selbst-Seins geführt. Die Hypothese des Nirwana-Prinzips scheint mindestens so fundiert wie die eines physiologisch nicht nachweisbaren Todestriebes.

Auch der Schüler *Freuds*, Sándor *Ferenczi*, sah seinerseits in der Entwicklung des Lebendigen einen regressiven Zug zur Wiederherstellung des undifferenzierten Zustandes des stammesgeschichtlichen Urlebens im Urmeer. Die Lebensgeschichte wiederholt bis zu einem gewissen Grad die Stammesgeschichte oder zeigt zumindest gewisse Ähnlichkeiten dazu. Eine solche lebensgeschichtliche Entsprechung dieses regressiven Zuges stellt sich bei den Menschen in den ständigen unbewußten Versuchen dar, das pränatale Leben wiederherzustellen. In jedem Wunsch sind alle Erfahrungen des Stammes und des Individuums in Spuren mitenthalten. Sándor *Ferenczi* glaubt, im Sexualakt und im Schlaf die Abfuhr aktueller Störungsreize und die Reproduktionstendenz längst vergangener Situationen inklusive der pränatalen Situation zu entdecken.

Die Bedeutung des frühesten Lebensstadiums

Wir dürfen die Hypothese *Freuds* und *Ferenczis* nicht vorschnell zurückweisen. Spuren eines Anfangs sind immer in der Fortsetzung eines Prozesses mitenthalten. Die sogenannte dialektische Betrachtung eines Prozesses bedeutet nichts anderes, als daß in einem fortgeschrittenen Stadium alle früheren Stadien »aufgehoben« sind, und zwar in der dreifachen Bedeutung des Wortes Aufhebung. Erstens ist das Frühere noch vorhanden; zweitens aber ist es auf eine neue Ebene gehoben und drittens macht das Frühere dem Gegenwärtigen und dem Künftigen Platz. Die Hypothese des pränatalen Beginns der Sozialisation darf uns nicht durch Umkehrung der Perspektive dazu verführen, im Kleinkind oder gar im Fötus so etwas wie einen winzigen Erwachsenen zu sehen, der nur dümmer und unbeholfener sei als der echte Erwachsene. Das psychologische Denken war durch lange Zeit hindurch auf das Stadium des Erwachsenseins zentriert, in dem man gleichsam die Krönung und den Reinzustand der Gattung Mensch gesehen hatte. Die Psychoanalyse brach mit diesem perspektivischen Fehler, aber auch in der Psychoanalyse sieht man noch Reste des auf das Erwachsensein fixierten Denkens. So etwa in der ziemlich abstrakt formulierten Annahme einer »reifen sexuellen Organisation«, die wohl mehr ein geschichtlich bedingtes Ideal darstellt. Indes sehen wir an angeführten Beispielen, daß die Lust des Erwachsenen Spuren des frühesten Lustzustandes, also sogar eines pränatalen Zustandes enthalten muß.

Der genaue Beginn eines komplizierten Prozesses ist nie anders als durch abstrahierte Merkmale festzustellen. Wir wissen nur, daß alles, was das noch ungeborene Kind erlebt, unbewußt gespeichert wird und daß eben auf diesem unbewußten Weg pränatale Einflüsse Bedeutung auf die körperliche und seelische Entwicklung des Menschen gewinnen. Der Mensch ist Produkt des Menschen in einer Welt der Menschen, also biologisch und sozial zugleich bedingt durch die direkten Einflüsse des materiellen Seins und durch indirekte Einflüsse der Mittlerschaft durch die Familie, die die Struktur der gesellschaftlichen Verhältnisse vermittelt.

Daß die Inhalte des pränatalen Psychismus durch die Mutter vermittelt werden, versteht sich von selbst, ist doch der Fötus vollständig in der engsten Umwelt des mütterlichen Leibes eingeschlossen. Die zunächst ideologisch überspitzte Behauptung, das pränatale Leben sei bereits durch die Gesellschaft mitbedingt, wird bei der Berücksichtigung dieser Vermittlung verständlich. Die Mutter ist kein isoliertes und abstraktes Individuum, sondern wurde selbst von der Gesellschaft geprägt und vertritt bis zu einem gewissen Grade das Gesellschaftliche. Theodor F. *Hau* gibt zu bedenken, daß die negative Haltung der Mutter gegenüber ihrer Mutterschaft, der Schwangerschaft, der Geburt und gegenüber dem Kind sich aus emotionalen, sozialen, ökonomischen oder gesellschaftlichen Motivationen heraus pathogen (Störungen verursachend) und pathoplastisch (spezifische Erfahrungen, die den äußeren Charakter der Störung beeinflussen) auf die pränatale sowie die spätere Entwicklung des Kindes wirkt. Dabei scheint der pränatale Weg über die Neurose der Mutter und der damit gegebenen körperlichen Erscheinung der ausgeprägteste zu sein und eine durchgehende Linie über Schwangerschaftsbeschwerden, fötale Störungen, Geburtsanomalien zu späteren psychischen und körperlichen Entwicklungsstörungen anzuzeigen. Bei entsprechend extrem negativer Einstellung der Mutter zu Schwangerschaft und Kind wird sie sogar so schwerwiegende Störungen verursachen, daß T. F. *Hau* von »intrauterinem Hospitalismus« spricht.

Eine experimentelle Untersuchung von Gerhard *Rottmann* erlaubt die grobe Unterscheidung zwischen drei Gruppen von Müttern:

Die zur Kontrolle dienende erste Gruppe der »idealen Mütter«, wie *Rottmann* sie nennt, ist aus Frauen zusammengestellt, die überwiegend positiv, bewußt und unbewußt, dem Kind gegenüber eingestellt sind. Die Neugeborenen aus dieser Gruppe sind auch statistisch am wenigsten auffällig.

Die zweite Gruppe nennt *Rottmann* die »katastrophalen Mütter«. Bei ihnen liegt eine negative weibliche Rollenidentifikation vor, so wie starke Elternbindungen, höchstes Ausmaß an Reizbarkeit, Intoleranz, soziale Erstarrung, Angst und Aggressivität, massive Schwangerschaftsbeschwerden, schwierigste Geburten, größter Medikamentenverbrauch. Diese Versuchsgruppe zeigt die massivsten Ablehnungen der Schwangerschaft sowohl bewußt wie unbewußt. Statistisch entstammen dieser Gruppe die am schwersten gestörten Kinder, bei denen relativ häufig das sogenannte Kipp-Phänomen, das Umschlagen von überaktivem Schreien in Apathie und umgekehrt zu beobachten war.

Die dritte Gruppe ist aus »ambivalenten Müttern« zusammengestellt: bei ihnen findet eine bewußte Annahme bei gleichzeitiger unbewußter Ablehnung der Schwangerschaft statt. Eine Untergruppe besteht aus den »kühlen Müttern«, die bewußt eine zur Schau getragene Ablehnung, unbewußt jedoch die Annahme des Kindes aufweisen. Die Kinder aus dieser letzteren Gruppe unterscheiden sich nicht wesentlich von den Kindern der Kontrollgruppe der »idealen Mütter«. Die Gruppen der »idealen Mütter« und der »ambivalenten Mütter«, stammen vornehmlich aus den Schichten mit höherem sozialökonomischen Status als die »katastrophalen« und »kühlen« Müttergruppen.

Es ist also *Rottmann* gelungen, nachzuweisen, daß sich die ablehnende Einstellung der Mutter dem Kind gegenüber in signifikanter Weise (d. h. mathematisch nachweislich) auswirkt, und daß die ablehnende Einstellung zur Schwangerschaft zusammen mit einer mangelnden Anpassung an die mütterliche Rollenfunktion in erster Linie für die emotionale Belastung verantwortlich ist.

Theoretisch sind als Erklärungen für die beobachtete Vermittlung der Störungen von der Mutter auf die Leibesfrucht einige Möglichkeiten heranzuziehen. Erstens neigt die ablehnend eingestellte Mutter nachweislich zu Fehlhaltungen in der Lebensweise während der Schwangerschaft: unrichtige Ernährung, übertriebenes Rauchen, Drogengebrauch, übertriebene berufliche Tätigkeit. Zweitens sind die Störungen des Schwangerschaftsverlaufes und der Geburt bei solchen ablehnenden Müttern sehr häufig (dazu auch die Studie von Frau M. *Lukesch-Tomann)*. In Übereinstimmung mit psychoanalytischen Hypothesen kommen bei den extrem ablehnenden Müttern häufiger Frühgeburten und Komplikationen im Geburtsverlauf vor, womit auch die Geburt als traumatische Erfahrung für das Kind angesehen werden darf. Zum dritten ist die sogenannte »psychotoxische« Wirkung in Betracht zu ziehen. Die biologische Einheit zwischen Mutter und Kind, durch die Durchlässigkeit der Plazentarschranke für mütterliche Hormonausschüttungen gekennzeichnet, wird bei der ablehnend eingestellten und psychosomatisch am massivsten gestörten Mutter zu einer pathogenen Quelle für das Kind, das der Auswirkung der im Blut der Mutter ausgeschütteten Affektstoffe ausgesetzt ist. Dadurch kommt es wahrscheinlich zu einer unregelmäßigen Funktion der Drüsensysteme des Kindes und die Verträglichkeit für nachgeburtliche Einflüsse wird verringert. Viertens ist an die physiologischen Störungen des Lebensrhythmus zu denken. Der Bewegungsrhythmus des mütterlichen Gefäßsystems spielt als pränatale Umwelt des Kindes eine wichtige Rolle und übt einen prägenden Einfluß auf das spätere Leben aus. Möglicherweise vollziehen sich die Wachstumsraten im Gewebe des Fötus nach dem Rhythmus des mütterlichen Herzschlages. Gerade diese physiologischen Rhythmen sind jedoch bei den feindlich eingestellten Müttern am meisten gestört, so daß der Fötus durch die dauernden Rhythmusschwankungen belastet wird, womit der Verlust von verläßlich wiederkehrenden Ordnungen im Leben und die Unsicherheit des Kindes vorbereitet wird. Alle diese Störungen werden vermutlich vom Ungeborenen bereits als Unlust erlebt und von den späteren Unlusterlebnissen wiederbelebt.

Bei all diesen störenden Einflüssen im pränatalen Leben gilt es noch, zu bedenken, daß Mutter und Kind in einer direkten Kommunikation stehen, die erst später als Wahrnehmung von seiten des Kindes ausgebildet wird, vorläufig aber die Empfindungen desselben bedient. Dadurch wird das Ungeborene für intensive Erlebnisse der Mutter in direkter Weise empfänglich.

Die Arbeit von *Rottmann* und einige andere zusammenfassend, ist es daher mehr als wahrscheinlich, daß die wichtige Lebensbedingung, die wir im II. Kapitel mit Erik H. *Erikson* als »Urvertrauen« beim Neugeborenen kennenlernen werden, bereits in der pränatalen Zeit vorgeprägt und in der Säuglingszeit eigentlich nur weiterentwickelt wird, so daß wir hier eine Bestätigung für den Begriff T. F. *Haus* über den »intrauterinen Hospitalismus« finden können. Die pränatale Einheit Mutter/Kind, die, wie wir allerdings noch sehen werden, auch nach der Geburt in breiten Grenzen bestehen bleibt, ist somit wiederum nicht nur biologisch, sie ist vielmehr als eine psychosoziologische Einheit zu betrachten. Bereits *Aristoteles* sagte: »Schwangere Frauen sollten für ihren Körper Sorge tragen, ihr Gemüt aber sollten sie von Sorgen frei halten, denn das werdende Kind nimmt vieles von der es tragenden Mutter an, wie die Pflanze von dem Erdreich, in dem es wurzelt.« Mit diesem Zitat deutet *Rottmann* an, daß neben der physischen Schwangerschaftshygiene der psychischen Hygiene während der Schwangerschaft eine bislang unerkannte große Bedeutung zukommt. Durch die Praxis der Psychoanalyse bin ich zur Überzeugung gelangt, daß die Psychotherapie und sogar die klassische Psychoanalyse während der Schwangerschaft der Mutter nicht nur unschädlich, sondern von großer positiver Bedeutung ist. Ich durfte erfahren, daß durch systematische analytische Therapie der Schwangeren die Mutter ihre ambivalente Einstellung zum kommenden Kind verliert und zur Akzeptierung des neuen Lebens gelangt, daß sie bereit ist, es als unabhängig zu akzeptieren und nicht als ihr gehörend oder gar gegen sie gerichtet. Eine 35jährige Kinderpsychologin, die während ihrer Lehranalyse (Ausbildung in Psychoanalyse) ein Kind erwartete und es zur Welt brachte, sagte: »Die Psychoanalyse lehrte mich, das kleine Wesen in mir nicht zu fürchten, es auch nicht für meine eigenen Ziele mißbrauchen zu wollen.«

Geburtstrauma

Es ist einleuchtend, daß im Hinblick auf das bereits vorhandene und sogar bis zu einem gewissen Grad sozialisiert pränatale Leben auch die Ausstoßung des Neugeborenen aus dem normalerweise schützenden Mutterleib in die Welt eine überaus bedeutende Rolle spielen muß. Dazu kommt, daß die Geburtsweise in unserem Kulturkreis sich wahrscheinlich immer traumatisch auswirkt, da sie den Kontakt zwischen Mutter und Kind unter medizinisch-hygienischen Vorwänden auf ein Minimum reduziert. Die Bedeutung der pränatalen Psychologie für die Gynäkologie und die Geburtshilfe wäre noch genau zu untersuchen. Die spätere nachgeburtliche »orale« Phase, die vor allem der Ausbildung der Kontakte dient (Kontakt heißt aber genau übersetzt Berührung), wird durch die Praxis der modernen Frühklinik geschädigt. Otto *Rank*, ein Schüler *Freuds*, hat übrigens den Übergang von dem intrauterinen Leben zum geborenen Leben in der Welt auf alle Fälle als Trauma bezeichnet. Sigmund *Freud* hat durch längere Zeit die Theorie *Ranks* über das Geburtstrauma zu seiner eigenen gemacht. Er trennte sich von *Rank* in diesem Gesichtspunkt nur soweit, als *Rank* aus dem Geburtstrauma das eigentliche und entscheidende Trauma der menschlichen Existenz machen wollte und die Bedeutung des Oedipuskomplexes, d. h. der komplizierten Verhältnisse zwischen dem heranwachsenden Kind und dem Elternpaar, vernachlässigte.

Der bereits zitierte Sándor *Ferenczi* meinte, daß der Geschlechtsakt zwischen den Erwachsenen auch Mutterleibsphantasien miteinschließt. Geboren aus dem genitalen Bereich der Mutter, worin er am glücklichsten aufgehoben war, strebt der Mensch im Geschlechtsverkehr unbewußt die Wiederholung der Einverleibung an. Auch den normalen Schlaf deutet *Ferenczi* als Versuch der Wiederherstellung des pränatalen Lebens, *Ferenczi* wahrt jedoch die zentrale Bedeutung des Oedipuskomplexes für die Bildung der Neurose dergestalt, als er im Oedipuskomplex eine neue Ausformung der Mutterleibsphantasien sieht. Der Psychoanalytiker Michael *Balint* beschrieb 1935 die sogenannte »Mutterleibsregression« als »Wärme, Stille, eventuelle Dunkelheit, wohltuende monotone Geräusche, Wunschlosigkeit, Aufhören des Zwanges zur kontinuierlichen Realitätsprüfung, Fallenlassen allen Argwohns usw.«. *Freud* schreibt u. a.: »Die Bedeutung der Phantasie und unbewußten Gedanken über das Leben im Mutterleib, habe ich erst spät zu würdigen gelernt.« Für *Freud* erklären solche Phantasien und unbewußte Gedanken viele Angstzustände (Angst = Enge) und begründen sogar den Glauben an ein Fortleben nach dem Tod mit, da die Vorstellungen über ein Leben nach dem Tod weitgehende Analogien mit der Nirwana-Erfahrung im Leibe der Mutter aufweisen. *Freud* sagt: »Der Geburtsakt ist übrigens das erste Angsterlebnis und somit die Quelle und Vorbild des Angstaffekts.« Wenn aber ein Geburtstrauma als die vornehmliche Quelle der Angst angesehen wird, so müssen wir auch logischerweise annehmen, daß ein Psychismus vor der Geburt bereits vorhanden ist und daß das Abenteuer der Geburt insbesondere in unserer Zivilisation deshalb Angst verursacht, weil das Aufgehobensein im Leibe der Mutter, die Spannungen, die bei der Geburt auftreten, weitgehend ausschloß.

Selbstverständlich – wir haben es bei der Betrachtung möglicher Störungen durch die Vermittlung der Schwangeren gesehen – ist das Nirwana im Mutterleibe nur ein relatives, weil der Fötus sich zum Kind entwickelt und jede Entwicklung ambivalente d. h. doppelwertige Erfahrungen mit sich bringt. Außerdem kann nicht genug gewarnt werden vor der Rückverlegung (Rückprojektion) von solchen Erfahrungen, die von einem Fötus, ja auch von einem Neugeuborenen nicht gemacht werden können wegen der geringen Entwicklung des physiologischen Empfindungsapparates. Nicht von ungefähr spricht *Freud* im obigen Zitat von »Phantasien und unbewußten Gedanken über das Leben im Mutterleib«. Hiermit ist gemeint, daß geringe Gedächtnisspuren erst bei nachträglicher Entwicklung jener Instanz, die einmal das Ich sein wird, von neuen traumatischen und schmerzlichen Erfahrungen bereichert und verstärkt werden. Im Einklang mit Marina *Neumann-Schönwetter* scheiden sich hier unsere Wege von denen der berühmten Psychoanalytikerin Melanie *Klein*, die bereits beim Säugling komplexe Phantasien annimmt, die indessen der Säugling wegen der geringen Entwicklung der Gehirntätigkeit noch nicht haben kann. Bei solchen komplexen Phantasien muß es sich vielmehr um »retrospektiv erfahrene Daten aus der psychoanalytischen Praxis mit zweijährigen und älteren Kindern handeln (M. *Neumann-Schönwetter*). Es sind also Darstellungen von Erlebnissen, die zwar auf durchlaufene Erfahrungen des pränatalen Stadiums hinweisen können, selbst aber neuen Erfahrungen mit den Mitmenschen entspringen. Auch in dieser Korrektur ist die ständige Wirksamkeit der gesellschaftlichen Einflüsse deutlich: beruhen die Empfindungen des pränatalen Lebens bereits auf einer Art der Vorsozialisation, so werden sie aktiviert und symbolisch ausgebaut durch die weitere Vergesellschaftung des Kindes.

Die Widersprüche des pränatalen Lebens – das »Nirwana« auf der einen Seite, aber bereits auch Anfänge der Prägungen mit allen ihren spezifischen Gefahren und Unlustgefühlen – machen uns die Eigenschaften des Narzißmus, über welchen wir im nächsten Kapitel sprechen werden, verständlicher. So wie wir alle, noch ungeboren, durch die totale Zweiheit Mutter/Kind geschritten sind, so haben wir ein Stadium zu durchschreiten, das der Biologe Adolf *Portmann* »sozialen Uterus« genannt hat und das auch die Zeit des sogenannten »primären Narzißmus« ist, worin eine relativ ungebrochene Identität herrscht. Dieser primäre Narzißmus, dem wir nun unsere Aufmerksamkeit schenken wollen, ist bereits bis zu einem gewissen

Grad eine gesellschaftliche Erscheinung, da er eben nur in diesem »sozialen Uterus« gewährleistet werden kann. Die spätere und notwendige Identität des Erwachsenen entspringt dem langsamen Tasten und Suchen in dem primären Narzißmus und wird das ganze Leben des Erwachsenen bis zu seinem Tode bestimmen.

Kapitel II

ÜBER DAS NARZISSTISCHE GLÜCK
UND DIE AUTISTISCHE KATASTROPHE

Frühgeburt, Narzißmus, »Sozialer Uterus«

Der Paläontologe L. *Bolk* stellte eine Theorie über die Entstehung der menschlichen Gattung auf, die zwar auf manche Widersprüche stieß, aber mit gewissen Korrekturen, insbesondere durch Adolf *Portmann*, bis jetzt ihre Bedeutung bewahrt hat. Nach dieser Theorie verdankt der Mensch seine – im Reich des Lebendigen einmalige – Lernfähigkeit und Weltoffenheit dem Umstand, daß er im Vergleich zu den nächstverwandten Arten der Menschenaffen eine Frühgeburt darstellt und sich im Leben zu einem gleichsam noch immer jugendhaften Tier entwickelt, welches, um bestehen zu können, Vernunftgabe und Fertigkeiten entwickeln muß, auf die die »reiferen« Verwandten verzichten müssen. Obschon mit dieser extremen (und von mir noch vereinfachten) Darstellung *Bolks* nicht ganz einverstanden, weist *Portmann* gerade auf den Umstand hin, daß im Vergleich zu den Menschenaffen der Mensch tatsächlich zu früh geboren wird, und die Vergesellschaftung dieser »Frühgeburt« eben eines »sozialen Uterus« bedarf, der sie gewissermaßen in einem – im Vergleich zu den verwandten Arten – unselbständig ungeborenen Zustand hält. Kurz vor den Entdeckungen *Bolks* spricht *Freud* von der (im Vergleich zu den anderen höheren Tieren) verkürzten intrauterinen Existenz des Menschen. Doch spricht er an dieser Stelle noch nicht deutlich über die Erfahrung, die damit verknüpft werden konnte. Er schenkt mehr Aufmerksamkeit der Periode nach der »Intrauterinexistenz«, die durch ihre Schutzlosigkeit und durch ihr Eingebettetsein in das, was *Portmann* später »sozialen Uterus« genannt hat, den Menschen sein Leben lang prägen wird.

Freud spricht von der »lang hingezogenen Hilflosigkeit und Abhängigkeit des kleinen Menschenkindes. Die Intrauterinexistenz des Menschen erscheint gegen die der meisten Tiere relativ verkürzt; es wird unfertiger als diese in die Welt geschickt. Dadurch wird der Einfluß der realen Außenwelt verstärkt, die Differenzierung des Ich vom Es frühzeitig gefördert, die Gefahren der Außenwelt in ihrer Bedeutung erhöht und der Wert des Objektes, das allein gegen diese Gefahren schützen und das verlorene Intrauterinleben ersetzen kann, enorm gesteigert. Dies biologische Moment stellt also die ersten Gefahrsituationen her und schafft das Bedürfnis, geliebt zu werden, das den Menschen nicht mehr verlassen wird«. Die Gefährdung des »psychischen Apparates« des Menschen wird ein vernunftbegabtes und stellungnehmendes Ich aus dem gleichsam animalischen Es (darunter wird das Gesamt der Triebe verstanden) herausbilden, wird sein Lebensbedürfnis maximal steigern, so daß dieses nie voll befriedigt werden kann und daher eine stete Spannung mit der Sehnsucht nach Spannungslosigkeit verursacht.

Im Schutz dieses »sozialen Uterus« ist die Existenz des Menschen durch den Narzißmus gekennzeichnet, der erst nach und nach Gefühlsbindungen zur weiteren Umwelt Platz machen wird.

Wir haben es bereits in der Einleitung vorweggenommen: der Narzißmus ist keine Kontaktlosigkeit, eher schon umgekehrt Bedürfnis nach totalem Kontakt. Ursprünglich wurden die Termini Narzißmus, Autismus, Autoerotismus nur ungenügend auseinandergehalten. *Freud* erinnert daran, daß der Begriff »Narzißmus« von P. *Näcke* im Jahre 1899 eingeführt wurde, um jenes Verhalten zu bezeichnen, »bei welchem ein Individuum den eigenen Leib in ähnlicher Weise behandelt wie sonst den seines Sexualobjektes« *(Freud).* Diese Bezeichnung wurde erstmals im Jahre 1910 von *Freud* übernommen und wurde ursprünglich von ihm als Synonym für Autoerotismus gebraucht. Schon 1911 hat O. *Rank* diesen Ausdruck entlehnt; zu einem Zentralbegriff der Psychoanalyse wurde der Narzißmus im Jahre 1914, als *Freud* seine Studie »Zur Einführung des Narzißmus« veröffentlichte.

Allmählich und insbesondere in der gegenwärtigen Psychoanalyse hat der Begriff des Narzißmus einige Wandlungen erfahren. Den Psychoanalytikern Jean *Laplanche* und J.-B. *Pontalis*, die das »Vokabular der Psychoanalyse« ordneten und kommentierten, bedeutet Narzißmus »die Liebe, die man dem Bild von sich selbst entgegenbringt«, wobei mit *Freud* zwischen primärem und sekundärem Narzißmus zu unterscheiden ist. »Der primäre Narzißmus bezeichnet einen frühen Zustand, in dem das Kind sich selbst mit seiner ganzen Libido (liebende Triebstrebung) besetzt. Der sekundäre Narzißmus bezeichnet eine Rückwendung der von ihren Objektbesetzungen zurückgezogenen Libido«. Die von den älteren Psychoanalytikern gebrauchte Wortbildung »narzißtische Neurose« bezeichnet einen regressiven Prozeß, der durch den Rückzug der Libido auf das Ich charakterisiert ist. Die »narzißtische Neurose« im alten Sinne entspricht der Gesamtheit der sogenannten endogenen Psychosen, d. h. jener »Geisteskrankheiten« (das Wort Krankheit scheint hier schlecht angewandt zu sein), die den frühesten Störungsfaktoren entspringen und die die schwersten Kommunikationsstörungen zur Außenwelt und zu sich selbst bedeuten. Diese »Geisteskrankheiten« bilden die mannigfaltige Gruppe der sogenannten Schizophrenien und die Melancholie mit ihrem Widerpart der Manie. Melancholie und Manie sind manchmal gekoppelt in der sogenannten manisch-drepessiven oder zyklischen Psychose. Soweit scheint die Einteilung, die übrigens eine Brücke zwischen Psychiatrie und Psychoanalyse erlaubt, klar und annehmbar zu sein.

Es ist jedoch zu bedenken, daß das Ich, insofern es statt der Außenwelt im Falle des sekundären Narzißmus von der Selbstliebe besetzt wird, eben ein schwaches und be-

drohtes Ich ist, sonst würde diese sekundäre Libidobeset-
zung nach ihrem Rückzug von den Objekten der Außenwelt gar nicht vorgenommen werden. Im Grenzfall der
frühkindlichen Psychose, von der noch später die Rede
sein wird, wendet sich die Libido von den normalerweise
erst zu erschließenden Objekten der Außenwelt ab und
einem noch gar nicht gebildeten Ich zu. Gerade diesen Zustand nennt man heutzutage »Autismus«. Der Autismus
ist im Gegensatz zum Narzißmus eine überwältigende
Furcht von Kontakten, die zu fast völliger Kontaktlosigkeit führt. Nun ist der Autismus gerade bei schweren schizophrenen Psychosen und zum Teil auch bei der Melancholie und der Manie zu beobachen. Im Extremfall wird
die Außenwelt so gut wie nicht wahrgenommen, die
Selbstwahrnehmung aber verbleibt auf einem sehr primi-
tiven Stadium und das Ich ist noch keineswegs im Sinne
dieser vollstrukturierten erwachsenen Instanz zu begreifen.

Die Möglichkeiten im Narzißmus

Es ist also wesentlich, zwischen dem aus der frühesten
Kindheit, ja aus der pränatalen Zeit stammenden, »primären Narzißmus« und diesem »sekundären Narzißmus«
zu unterscheiden. Der Psychoanalytiker und Psychiater
Günter *Ammon* unterscheidet schematisch gar vier Arten
des Narzißmus. Die erste Art wäre die normalerweise gesunde, frühkindliche Art des Narzißmus, die zweite die
des »reaktiven Narzißmus«: bei Enttäuschungen werden
emotionale Strebungen dem Objekt entzogen und ins Ich
zurückgezogen. Die dritte Art oder der »tertiäre Narzißmus«, auch Defekt-Narzißmus genannt, entwickelt sich
aus einem mißlungenen primären Narzißmus bei einer
schwer gestörten Ich-Struktur. Die vierte Art oder »quar-
tärer Narzißmus« wäre aber der ganz normale Narzißmus
beim gesunden Ich von Kindern und Erwachsenen: sowohl

das Ich als auch die Beziehungen zu den Objekten bleiben heil und sind zur gegenseitigen Besetzung und Kommunikation fähig; das wäre die Voraussetzung für lebendige Erfahrung und Kreativität.

Wir sehen, daß die moderne Psychoanalyse sich mit dem Narzißmus viel beschäftigt und verschiedene Gesichtspunkte herauszukristallisieren versucht. So spricht H. *Kohut* von zwei verschiedenen Entwicklungslinien, die relativ getrennt voneinander verlaufen: die Entwicklung der narzißtischen Libido und die der Objektlibido. Beide Entwicklungslinien haben ihren gemeinsamen Ursprung im Stadium des primären Narzißmus und können vereinfacht als Entwicklung der Selbstliebe bzw. Entwicklung der Objektliebe angesehen werden. Eine »narzißtische Persönlichkeit« nach *Kohut* bezeichnet somit eine Störung der Entwicklung der narzißtischen Libido entweder im Frühstadium des primären Narzißmus oder in den darauffolgenden Stadien, wobei die früheren Störungen als die jeweils tieferen und gravierenderen zu betrachten sind. Die solchermaßen beschriebene Störung besteht darin, daß das Objekt an sich für das Subjekt nicht als von ihm getrenntes besteht, sondern immer in dem engen Bezug erlebt wird wie in der Zeit des »sozialen Uterus«; das Objekt ist Teil des Selbst und das Selbst Teil des Objektes, so daß die Objektbeziehung in der narzißtischen Störung immer eine Beziehung zum eigenen Subjekt darstellt, welches die Eigenständigkeit des Objektes voll ignoriert.

Freud dachte seinerzeit, daß der Narzißmus nur an der Schizophrenie und an der schweren Neurose zu studieren sei. Für ihn war der Narzißmus nur an der Psychoanalyse der Erwachsenen zu beobachten: erstens bei Normalen und Neurotikern als Resterscheinung, zweitens als Ablösung der Libido von den Objekten im Wahn, in den Affektstörungen, in den krankhaften Regressionen (Rückbildung der Entwicklung), drittens in der Heilung und Besserung, in der die Libido wieder die Objekte der Welt besetzt. Auch konnten Rückschlüsse auf den frühkindlichen Narzißmus gezogen werden durch das Beobachten des normalen und abnormen Liebeslebens, das durch die Objektwahl mit Resten früherer Prägungen charakterisiert wird. Schließlich studierte *Freud* die Rolle des Narzißmus bei der Bildung des sogenannten Ich-Ideals, also bei der libidinösen Besetzung eines idealisierten Ichs, das normalerweise eine entscheidende Rolle bei der Bildung des späteren Gewissens spielt. Auch konnte *Freud* aufgrund dieses rückblickenden analytischen Studiums eine Unterscheidung machen zwischen der libidinösen Besetzung des eigenen Ichs und solchen Ich-Trieben, die nicht libidinös sind, also nichts mit der Liebe zu tun haben. In seiner Auseinandersetzung mit seinem abtrünnigen Schüler Carl Gustav *Jung* hebt *Freud* die Existenz solcher nicht-libidinöser Triebe im Ich hervor, die der Selbsterhaltung des Ichs dienen sollen und die etwa auf den Hunger zurückzuführen sind.

Das war ein achtungsgebietendes Gesamt von Entdeckungen in der menschlichen Psyche. Es ist jedoch zu vermerken, daß spätere Beobachtungen deutlich zeigten, daß im Frühzustand des primären Narzißmus die libidinösen Triebe noch nicht von den nicht-libidinösen entmischt sind. Der Fötus und das Neugeborene befriedigen gleichzeitig Anlehnungsbedürfnis und Hunger im Schoße oder an der Brust der Mutter. Gerade deshalb kann das Neugeborene die schweren Störungen, die ihm durch die Mittlerschaft der Mutter oder durch ihre Abwesenheit zugefügt werden, noch nicht mit einer Ich-Bildung beantworten. Die libidinöse Zuwendung zur Welt braucht genauso wie die Bildung des Ichs eine allmähliche Entmischung der Libido von dem Trieb zur Selbsterhaltung.

So ist jede notgedrungen bildliche und ungenaue Gleichstellung des primären Narzißmus mit Selbstliebe und Ich-Liebe mit großer Vorsicht zu gebrauchen. Daher ist auch, wie ich in der Einleitung schon sagte, die Benennung des primären Narzißmus mit dem Namen des Jünglings Narkissos im Lichte der heutigen Erkenntnis als unglücklich zu bezeichnen. Wie ich noch näher ausführen werde, ist der primäre Narzißmus keine wirkliche Selbst- oder Ich-Liebe, da für die Bildung des Ichs und also eines gegenüber der Welt wahrnehmbaren Selbst der glückliche und vollständige Durchgang durch die Dyade Mutter/Kind notwendig ist. Im primären Narzißmus ist nicht eigentlich das noch nicht vorhandene Ich mit dem Liebestrieb besetzt, sondern vielmehr eben diese Dual-Einheit Mutter/Kind. Daraus folgt, daß der sogenannte primäre Narzißmus eine nicht zu unterschätzende, ja sogar für das künftige Leben eine entscheidende dynamische soziale Rolle in der menschlichen Entwicklung spielt. Erst dort, wo die Entmischung der Triebe und somit die normale Entwicklung bedroht ist, kommt es bei Charaktermißbildungen, die letztlich Neurosen und Psychosen darstellen, zu jenem Beigeschmack des angeblichen Egoismus und der vorherrschenden Eigenliebe, die den »sekundären« Narzißmus kennzeichnen. Der primäre Narzißmus aber ist weder Egoismus noch Eigenliebe, sondern bereits mikrosoziale Liebe, worin allerdings die Wurzel auch der Selbstschätzung enthalten ist.

Nach dem Ausdruck *Freuds* wird der primäre Narzißmus »Pseudopodien« (Berührungsorgane) in Richtung der Objekte (der Mitmenschen und der menschlichen Welt) tastend herausbilden. Wir können es auch so ausdrücken, daß der primäre Narzißmus bereits Liebe zum Selbst und Liebe zu einer Bezugsperson ist, wenn auch auf einem noch sehr undifferenzierten Hintergrund, da weder Libido noch Ich-Triebe in der Dyade voll ausgebildet sind. Auf diesem noch undifferenzierten Hintergrund wird verständlich, daß viel später die voll entfaltete Objektliebe nur dort ermöglicht sein wird, wo auch eine normale Selbstliebe ungestört war.

In dieser Beleuchtung ist der »sekundäre« Narzißmus mit seiner »Eigenliebe« ein Abwehrversuch, der die Tendenz aufweist, wieder zum Ausgangspunkt zu gelangen, worin die Libido von den Ich-Trieben noch nicht entmischt war, um eine neuerliche Bildung sowohl des eigenen Ichs als auch der Beziehungen zur Welt zu ermöglichen. Es handelt sich hierbei um eine durch die Not hervorgerufene Regression (Rücklauf der Entwicklung) in der meistens nicht erfüllten oder unerfüllbaren unbewußten Hoffnung, die Entwicklung nachzuholen. Ein französischer Ausspruch würde diesen schwierigen Tatbestand am besten beschreiben: *reculer pour mieux sauter* – was so gut heißt wie: zurückweichen, um besser springen zu können.

Es scheint mir also notwendig, zwischen dem Autismus, welcher in einem allerdings unerreichbaren Maße eine Selbstliebe sein soll, und dem primären Narzißmus grundsätzlich zu unterscheiden. Der primäre Narzißmus ist absolut notwendig für eine gesunde Gefühlsökonomie, die zuerst durch die Dyade Mutter/Kind in der pränatalen und nachgeburtlichen Zeit bestimmt wird. Da die Grenzen des eigenen Körpers in diesem Stadium noch nicht wahrgenommen werden, bedeutet der primäre Narzißmus eine Liebe zur Dyade und in der Dyade, eine Liebe also zu einem noch nicht individuellen Zustand, aus dem sich das spätere Ich entwickeln kann. Der primäre Narzißmus ist, übertrieben ausgedrückt, eine bereits sozialisierte Liebe und die gelungene Sozialisation wird das Ergebnis der primär narzißtischen Liebe sein.

Daher das Katastrophale jeder Störung im primären Narzißmus. Wenn die Dyade Mutter/Kind nicht mit der Libido besetzt werden kann, wird auch die spätere Abgrenzung zwischen dem Ich und der Mutter als Objekt nie richtig gelingen. Nach der Geburtskrise, die die Entlassung des Kindes aus dem physiologischen Uterus in den »sozialen Uterus« bedeutet, wird das Neugeborene erst allmählich zu der unvollständigen Abgrenzung seiner selbst von der Mutter gelangen. Nachgewiesenerweise bringen die ersten Wochen nach der Geburt eine gewisse Desorientierung des Neugeborenen mit sich. Erst von der Wärme, Pflege und Liebe von seiten der Mutter hängt es ab, ob die durch die Geburt unterbrochene Einheit zwischen Mutter und Kind nach der Geburt in neuer Form wiederhergestellt wird. Da die Grenzen zwischen Mutter und Kind noch nicht gezogen sind und die Anlehnung des Kindes an die Mutter daher nicht »objektgebunden« ist, bedeutet der primäre Narzißmus die Liebe zu einer gemeinsamen Zweiheit. Kurz vor seinem Tod hat *Freud* den Übergang von der Dyade zur allmählichen Objektbeziehung als Dialektik zwischen Sein und Haben angedeutet: »Haben und Sein beim Kind. Das Kind drückt die Objektbeziehung gern durch die Identifizierung aus: ich bin das Objekt. Das Haben ist das spätere, fällt nach den Objektverlusten ins Sein zurück. Muster: Brust. Die Brust ist ein Stück von mir, ich bin die Brust. Später nur: ich habe sie, d. h. ich bin sie nicht . . .« (S. *Freud*, 1938).

Wir können den Übergang von der dyadischen zur sogenannten Objektliebe auch so verstehen, daß der primäre Narzißmus ein Reservoir bildet, woraus die spätere Liebe zu sich selbst und zu den anderen entstehen wird. Als erste libidinöse Besetzung können wir also die Dual-Einheit Mutter/Kind betrachten, als kritische Übernahme und libidinöse Besetzung der Grenzen des eigenen Organismus und schließlich die allmähliche Besetzung des »Objektes« durch fließende Identifizierung mit Teilen dieses Objektes wie z. B. die Brust der Mutter. Die dialektischen Schritte zeigen, daß die Liebe zu sich selbst die Liebe zum andern Menschen nicht nur nicht ausschließt, sondern daß sie Voraussetzung und Gradmesser letzterer ist. Wie in der Einleitung schon gesagt, ist damit die biblische Erkenntnis »Liebe deinen Nächsten wie dich selbst« hinlänglich begründet. Tiefenpsychologisch gesehen entsteht daraus die ergänzende Erkenntnis: ein Mensch wird imstande sein, seine Nächsten zu lieben, so wie der Nächste ihn ursprünglich geliebt hat.

Freud sprach, wie wir sahen, von »Resterscheinungen« des primären Narzißmus im Erwachsenen. Das sind im allgemeinen gesehen die gesunden Voraussetzungen zu der richtigen Selbsteinschätzung und gleichsam zu einem liebevollen Umgang mit sich selbst, der durch übertriebenen Moralismus der Leistungszivilisation ständig in Frage gestellt wird und das Über-Ich – das starre Gewissen – auf Kosten des Ich entstehen läßt. Konkret können wir darunter unbedingt notwendige Erscheinungen verstehen, wie etwa die narzißtische Regression im Schlaf, in der Müdigkeit, im Liebesspiel und dergleichen; wobei diese Regressionen vermutlich nicht nur bis zum nachgeburtlichen Narzißmus sondern teilweise auch manchmal bis zum pränatalen Stadium reichen.

Auch wurde vielfach darauf hingewiesen, daß der Narzißmus eines nahen Menschen normalerweise in uns selbst narzißtische Züge wiederbelebt. Dies scheint übrigens die teilweise Voraussetzung zu einem glücklichen Liebesakt zu sein, worin, wie wir gesehen haben, narzißstische Wünsche beim Erwachsenen symbolisch befriedigt werden. *Freud* konnte den Narzißmus nur an den Resterscheinungen oder an den Regressionen des erwachsenen Menschen studieren und es ist bemerkenswert, wie er auf diese indirekte Weise die Lehre des Narzißmus dennoch genau und zufriedenstellend begründen konnte.

Die Nachfolger *Freuds* konnten die Methode durch die Beobachtung des Kindes und der Mutter in der Dual-Union erweitern. René A. *Spitz* hat nachweisen können, daß die Dyade Mutter/Kind optimal funktioniert, wenn die Mutter selbst auf eine Entwicklungsstufe regrediert, die narzißtische Züge trägt und in unserer Gesellschaft normalerweise der Verdrängung unterliegt und Konflikte hervorruft, die jede Ausübung der Sexualität in der Gesellschaft begleiten. Darauf hatte durch direkte Beobachtung die Kinderpsychoanalytikerin Alice *Balint* hingewiesen und auch festgestellt, daß die »Geheimnisse der Kinderstube« von der kapitalistisch-patriarchalischen Kultur unter Verdrängung stehen. Narzißtische Zustände widersprechen zu sehr den Forderungen der Gesellschaft und sind noch zu eng mit der Sexualität verknüpft, um geduldet zu werden. Schon 1937 wies Alice *Balint* darauf hin, daß die triebhafte »Aufeinanderbezogenheit« zwischen Mutter und Kind »ähnlich der Aufeinanderbezogenheit von Mann und Frau im Geschlechtsakt ist«. *Balint* spricht dann auch von der »triebhaften Mütterlichkeit im Gegensatz zur kulturellen«: solche Entwertungen der »heiligen« Mutterliebe mußten auf den Widerstand der konformistischen Moral stoßen. In unserer Gesellschaft wird vergessen und verschwiegen, daß die Geburt sozusagen die Krönung und der Abschluß des Koitus ist; die sinnliche Liebe zwischen Mutter und Kind ist gewissermaßen tabu. Dieses Tabu wird selbstverständlich von vielen Müttern auch verinnerlicht: nicht nur frigide Frauen werden oft zu »frigiden« Müttern, sondern auch manche Frauen, die im Sexualverkehr nicht frigide sind, werden zu »frigiden« Müttern. Hierzu kann ein Fall aus der psychoanalytischen Psychotherapie beigesteuert werden: Eine 23jährige werdende Mutter fürchtete sich von vornherein vor dem sinnlichen Reiz der Brustwarze beim Stillen; sie hatte Angst, auf diesem Wege zum Orgasmus zu gelangen.

Die narzißtische Partnerschaft

Noch vor einigen Jahrzehnten sprach man in den »vornehmen« Bevölkerungsschichten nicht von Schwangerschaft sondern von »interessanten Umständen« oder wenigstens von »anderen Umständen«. Man sprach nicht direkt von der Geburt sondern von einem »freudigen Ereignis«, auch wenn dieses Ereignis in manchen Fällen alles andere als freudig war. Auch jetzt, nach der scheinbaren Zerbrechung sexueller Tabus, dürfte »eine relativ stabile und zärtliche Beziehung zu ihrem Kind aufzubauen, besonders für die Mütter in den unteren Schichten der Arbeiterklasse ein kaum lösbares Problem darstellen« (*Neumann-Schönwetter*). Die Geburt des Kindes, die in Wirklichkeit die Entstehung eines neuen Menschen aus der sexuellen Vereinigung bedeutet, wird in der Regel noch immer nicht als »sexuelle Partnerschaft« von der Mutter akzeptiert, sondern eher als eine »Trennung« des neuen Partners durch den Geburtsakt angesehen. Dadurch wird die sich nun anbahnende Selbständigkeit des Kindes verkannt und zu früh in strenger Erziehung vorausgesetzt; auf diesem Wege wird die Selbständigkeit des Kindes nicht genug im »sozialen Uterus« ausgetragen. Doch muß die Mutter gerade diese Selbständigkeit des Kindes respektieren, indem sie im Kind einen Partner sieht – die Bedeutung der Geburt ist also doch nicht zu unterschätzen. »Der Fötus ist ein Teil des Körpers der Mutter. Mit der Geburt muß die Selbständigkeit des Kindes akzeptiert werden« (*Neumann-Schönwetter*). Wir sahen schon, daß hier eine bei der Schwangerschaft durchgeführte Psychotherapie vorbeugend wirken kann. Das narzißtische Stadium ist der deutliche Beginn der Vergesellschaftung: Auf der einen Seite kann das Kind außerhalb der Dyade nicht leben, auf der anderen Seite muß die Mutter auf die Selbständigkeit des Kindes vorbereitet sein und kann es paradoxerweise nur dadurch, daß sie selbst am Narzißmus des Kindes teilnimmt. Nur durch den glücklichen Narzißmus wird das Kind das »Urvertrauen« (Erik H. *Erikson*) aufbauen können und auf diese Weise spätere Enttäuschungen leichter meistern. Der Narzißmus ist die Quelle der Moral, wie dies *Freud* bereits im Jahre 1895 erkannte, als ihm der Begriff Narzißmus noch fremd war. Bereits damals schrieb er, daß das Kleinkind die Sicherheit erleben muß, damit es auch seine elementaren Bedürfnisse dem nächsten Menschen – in der Regel der Mutter – durch die präverbale Sprache, wie Schreien etc. mitteilen kann. Hierbei lernt das Kind allmählich die Bedeutung eines gewissen Zusammenspiels mit seinem Dyade-Partner. Notwendigerweise wird auch in der glücklichsten Dual-Union ein Teil der Bedürfnisse frustriert oder deren Befriedigung auf spätere Augenblicke verlegt. In dieser sich allmählich einstellenden Ordnung, die nicht übertrieben werden darf, wie dies leider in der Leistungsgesellschaft die Tendenz ist, kann man die Vorboten des Über-Ichs, d. h. der Prägung des Gewissens erblicken.

René A. *Spitz* konnte beweisen – dies sogar anhand von Filmen – wie der zufriedenstellende Ablauf des Geburtsaktes und des Stillens von der Einstellung der Mutter abhängt. Die Ablehnung der Mutter, auch und besonders die unbewußte, kompliziert in der Regel die Geburt und stört das Stillen, was einen Schraubeneffekt nach sich zieht, weil das Kind dadurch von Anfang an seinerseits einen gestörten Kontakt zur Mutter aufweist. Der Autor hat Pionierarbeit geleistet in der Beschreibung der Folgen, die die Trennung des Kindes von der Mutter haben muß. Wenn die Trennung zu lange dauert oder wenn die affektive Zufuhr d. h. die Liebeszuwendung von seiten der Mutter ausbleibt, so können die Folgen daraus einen irreversiblen (nicht umkehrbaren) Charakter annehmen. Die psychosomatischen Erkrankungen begleiten immer die Trennung des Kindes von der Mutter; René A. *Spitz* hatte sie schon genau beschrieben und erst vor kurzem haben James und Joyce *Robertson* die Faktoren, deren Verbindung die individuellen Unterschiede in der Reaktion von Kleinkindern auf die Trennung von der Mutter bedingen, noch genauer dargestellt. Es können nämlich belastende Faktoren zusätzlich zur Trennung von der Mutter auftreten, wie etwa fremde Umgebung, unzureichende Ersatzbemutterung, unvertraute Nahrung und dergleichen mehr. Es können auch umgekehrt entlastende Faktoren vorhanden sein, wie vertraute Ersatzpflegeeltern, vertraute Nahrung, vertraute Umgebung u. a. Der psychische Entwicklungsstand des Kindes kann den manifesten Trennungsschmerz und die

Verzögerung nach Aufhebung der Trennung wie auch die Langzeitwirkung steigern oder vermindern (dazu gehört die Qualität der Mutter/Kind-Beziehung, der Stand der Ich-Reife usw.). Auf alle Fälle aber bringt, wie *Spitz* es gezeigt hat, die Trennung von der Mutter Hospitalismus nach sich und, wenn die Trennung einen gewissen Zeitraum übersteigt, das Eintreten der sogenannten »anaklitischen Depression«, d. h. der Depression aus dem unbefriedigten Bedürfnis zur Anlehnung heraus. Die anaklitische Depression kann zum Tode führen, sie ist auch wahrscheinlich – was noch nicht genügend belegt ist – eine Vorform der Melancholie der Erwachsenen.

Die Anwesenheit der Mutter ist leider keine Garantie für das Fehlen solcher krankmachender, ja tödlicher Faktoren. Die Mutter kann physisch anwesend sein, aber psychisch störend auf das Kind wirken. Mitunter kann die Bemutterung durch fremde Personen sich besser auswirken als die Verhaltensweise der leiblichen Mutter. Wir sahen bereits in der zusammenfassenden Studie von G. *Rottmann* die schlechte Auswirkung der »ambivalenten« und der »katastrophalen« Mütter auf das Kind. Daß diese Auswirkung bereits in der pränatalen Phase zu wirken begann, macht sie in der Phase nach der Geburt noch gefährlicher. Der verbreitetste Störungsfaktor in den Beziehungen einer scheinbar normalen Mutter und dem Kind ist die sogenannte »Doppelbindung« (Paul *Watzlawick*). Unter Doppelbindung versteht man die scheinbare Anpassungsfähigkeit der Mutter an ihr Kind, sogar eine scheinbar liebevolle Verhaltensweise, die aber die tiefe Ablehnung des Kindes oder mindestens die Unsicherheit der Mutter nach außen hin verdeckt. Solche Mütter können als perfekte Mütter erscheinen, sind aber gefährliche Mütter; ich pflege sie »frigide Mütter« zu nennen, da sie eben nicht die oben angedeutete sexuell gefärbte Partnerschaft mit ihrem Kinde eingehen können. Nun hat nach René A. *Spitz* das Kind gute Antennen zur nichtverbalen Wahrnehmung der mütterlichen Gefühle. Da das Kind zwar freundliche Signale und Pflege empfängt, »dahinter« aber Ablehnung oder Feindschaft fühlt, kommt es zur Desorientierung und Verunsicherung im Erlernen der zwischenmenschlichen Kommunikation. Auch die Sprache wird später mangelhaft erlernt, da die präverbalen Ausdrücke und später die Wörter eine andere Bedeutung haben als allgemein üblich, oder diese Bedeutungen ändern sich je nach den Launen der Mutter. Die Kinder, die an Doppelbindung mit ihren Müttern gelitten haben, werden auf alle Fälle mehr oder minder schwere Verhaltensstörungen aufweisen, d. h. Störungen auf dem Gebiet der menschlichen Kommunikation.

Auch in diesem in unserer Kulturlage sehr häufigen Störungsbild kann die Tiefe der Störung durch die Beschaffenheit der Umgebung verschärft oder aber weitgehend gemildert werden.

Es ist daher vielleicht an der Zeit, daß wir uns im Vorübergehen mit der Rolle des Vaters in der Dual-Union befassen.

Rolle des Vaters in der Dual-Union

Wir erinnern uns, daß die Dyade Mutter/Kind kein statisch ruhender, sondern ein durchaus aktiver Zustand ist. Auch die glücklichste Dual-Union, ja wahrscheinlich besonders die glücklichste, stellt einen Übergang zur Welt hin dar, weil sie die Entwicklung fördert. Die Entwicklung auf die Welt hin ist aber ihrerseits eine Entwicklung hin auf die anderen Mitmenschen, zuerst auf einen dritten, der durch den anwesenden oder auch abwesenden Vater dargestellt wird. Das Ich der Mutter ist gleichsam das stellvertretende Ich der Dual-Einheit Mutter/Kind; auch ihr Es (Gesamt der Triebe mit ihrer präverbalen Kommunikation) steht in unmittelbarer Beziehung zu dem noch undifferenzierten Es des Kindes. Diese beiden Instanzen der

Dual-Einheit und daher auch des Kindes stehen in wirklicher oder eingebildeter Kommunikation mit dem anwesenden oder abwesenden Vater und beeinflussen dadurch die allmähliche Integration des Kindes in der Welt, oder, wenn man es umgekehrt sehen will, sie beeinflussen die Assimilation der Welt (Jean *Piaget*) durch das Kind. Ist der Vater anwesend, so tritt er mit der sich allmählich ausformenden Wahrnehmungswelt des Kindes und mit dem sich allmählich aus dem Es entwickelnden Ich des Kindes in Berührung. So hinterläßt er normalerweise Spuren bereits in der Dual-Union durch die Einwirkung auf das Kind. Man könnte versuchen, eine Typologie der Väter zu entwerfen (starke, schwache, tyrannische, ablehnende usw.). Eine solche Typologie erlangt ihre volle Bedeutung im wechselwirkenden Zusammenhang mit einer entsprechenden Typologie der Mütter, die ich schon hier und dort angedeutet habe. Die bewußten oder unbewußten Eigenschaften des Vaters stehen – und sei dies nur auf der phantasierten Ebene – in lebhafter Wechselwirkung zu den Projektionen und Introjektionen der Mutter, d. h. mit ihren Wünschen, Enttäuschungen, Ängsten, Sehnsüchten usw. Die Mutter aber »vertritt« das Ich des Kindes und kommuniziert mit dessen Es. Also wirkt diese Kommunikationsformel Mutter/Vater unmittelbar auf das Kind und wird ihrerseits durch die Wirkung von seiten des Kindes verändert, schon bevor das Ich des Kindes ausgeformt wird. Das Kind wird sich eine eigene Formel bilden als eine Art Kompromiß oder Folgerung aus der Kommunikation Mutter/Vater. Solche komplizierte Beziehungen beginnen nicht erst nach der Geburt des Kindes, sondern sie werden noch vor seiner Zeugung vorbereitet und während der Schwangerschaft bereits wirksam sein. Vergessen wir nicht den Ausdruck von *Spitz*, daß auch das neugeborene Kind »sehr feine Antennen« besitzt. Kein Wunder also, daß die beginnende Beziehungsfähigkeit des Kindes sehr früh vom mütterlichen Partner (vom anderen Partner also, weil das

Kind der innigste Partner ist) und vom Bild des Vaters in diesem mütterlichen Partner geprägt wird.

Die Ablehnung des Kindes von seiten der Mutter hat katastrophale Folgen für das Kind, auf welche wir noch unten eingehen werden. Diese Folgen entstehen keineswegs aus einer gleichsam mystischen Eigenschaft der Mutter, sondern aus ihren realen Verhältnissen zu dem Kind. Die Erkenntnisse von René A. *Spitz*, John *Bowlby*, Erik H. *Erikson* u. a. scheinen die Mutter gewissermaßen zu überfordern. Aber die Mutter ist hier nicht isoliert zu betrachten, sondern als Mitglied einer Gesellschaft und als Partner des Zeugers des Kindes. Eine Ablehnung des Kindes seitens des Vaters – des leiblichen Erzeugers oder des angenommenen Vertreters – wird also auch schlechte Folgen zeitigen, wenn auch im großen und ganzen mittelbarer als die Ablehnung durch die Mutter. Besonders übel wird das Kind betroffen, wenn die Ablehnung oder die Abwesenheit des Vaters sich mit der problematischen Einstellung der Mutter potenziert. Eine äußerst große Unsicherheit des Kindes wird, wie wir gesehen haben, durch die Doppelbindung der Mutter zu dem Kind hervorgerufen: das Kind wird die erwachsene Kommunikation, die Sprache des Erwachsenen nicht wirklich erlernen, weil die liebevoll getarnte Feindseligkeit der Mutter diese Kommunikation letztlich unverständlich macht. Hier wäre z. B. das Fehlen eines starken Vaters als Ausgleich zu der Unsicherheit der beginnenden Beziehungen zur Welt besonders schwerwiegend. Der Vater hätte für das Kind gleichsam Partei ergreifen und eine Art Hilfs-Ich als Mutterersatz bilden können. Er hätte eindeutige Kommunikationsverhältnisse lehren können. In unserer Kultur kommt der Rolle des Vaters noch immer vornehmlich die begriffliche Sprache und die Rationalität zu; so fragwürdig diese Rollenverteilung ist, könnte sie im schlimmsten Fall noch für das Kind hilfreich werden und, wenn sie ihrerseits auch versagt, so ist das Schicksal des Kindes von vornherein schwer belastet.

Der Vater oder sein Vertreter kann entweder eine ausgleichende oder im Gegenteil eine verstärkende Funktion in der Bildung der zerstörerischen Doppelbindung in der Dual-Einheit erfüllen und spielt eine wichtige Rolle in der Bildung der kindlichen Identität. Auch die intimsten Beziehungen der Dyade Mutter/Kind zu dem wirklichen oder phantasierten Vater zeitigen entscheidende Folgen insbesondere für die unbewußte Entwicklung des Kindes. Als Reaktion auf die gesellschaftlich noch immer vorgeschriebene »weibliche« Rolle kann die Mutter triebhaft verunsichert werden und eine unbewußte »phallisch« männliche Rolle spielen. Zweifellos ist der von *Freud* beschriebene »Penisneid«, wenn nicht ein unentrinnbares Schicksal der Frau in unserer Zivilisation, so doch von den Resten des Patriarchalismus begünstigt. Der unbewußte Wunsch, einen Penis zu haben, kann entweder gegen das Kind ausgerichtet werden oder im Gegenteil mit besonderer Wucht auf das Kind, das ja aus den Genitalien der Frau wie ein Superphallus herauskommt, projiziert werden. Im letzteren Fall kann die Geburt als erste physische Trennung zwischen Mutter und Kind unbewußte Kastrationsphantasien aktivieren. Das Kind wird zu einem fehlenden Teil, zur Erinnerung an die Niederlage. Hat dazu der Vater seinerseits seine narzißtischen Entwicklungsreste nicht überwunden, so kann er auf das Kind z. B. eifersüchtig werden. Man kennt Beispiele, wo die Eifersucht des Vaters sich oberflächlicherweise auf die Pflege des Kindes bezieht, worin der Vater eine Vernachlässigung seiner selbst wähnt. Die Schwierigkeit aber kann auch tiefer reichen: ein schwacher Vater kann sich durch die »phallische« Gebärerin erschlagen und in seiner genitalen Unsicherheit schwer getroffen fühlen. Dann wird das Kind zum Rivalen des Vaters und die Mutter kann diese Rivalität verstärken.

Einige Gedankengänge von Melanie *Klein* und vom französischen Psychoanalytiker Jacques *Lacan* sind hier nicht von der Hand zu weisen. In unserer Kultur wenigstens kommt dem Penis des Vaters in seiner symbolischen Funktion, die man im allgemeinen »Phallus« zu nennen pflegt, eine besondere Bedeutung zu. Höchstwahrscheinlich können sogar unsere Haustiere, selbstverständlich in unbewußter Weise, zwischen Männlichkeit und Weiblichkeit ihrer Herren unterscheiden. Auch das Kind lernt Männlichkeit und Weiblichkeit zunächst an den ersten Bezugspersonen, ohne seine Erkenntnisse artikulieren zu können. Die erste Öffnung der Dyade Mutter/Kind gilt in der Regel der Beziehung zum männlichen Geschlecht. Vergessen wir nicht das bereits mehrmals Gesagte: die Doppel-Einheit Mutter/Kind ist auf die Welt hin angelegt, also normalerweise zuerst auf den Vater, der das andere Geschlecht repräsentiert. Freilich hat die Mutter die wichtigste Funktion im Lehren der Sozialisation und der Sprache auch in ihrem präverbalen Studium. Aber schon fast gleichzeitig ist die Wirksamkeit eines dritten Sprechenden wichtig, zumal dieser dritte in unserer Kultur noch immer vornehmlich das Gesetz und die Ordnung vertritt. Auch für die spätere Bildung des Über-Ichs als Vorbote des autonomen Gewissens ist die Figur des Vaters durch seine Eigenschaften, seine wirkliche Anwesenheit oder durch die Phantasie, die ihm gilt, von großer Wichtigkeit. In diesen komplizierten Beziehungen auch zu der besten Mutter und zum besten Vater wird das Kind lernen, mit der »Ambivalenz« aller Welterscheinungen umzugehen. Der Psychiater Eugen *Bleuler*, der im Jahre 1911 den Begriff der Schizophrenie einführte, meinte noch, daß der Schizophrene besonders ambivalent sei; ganze Generationen von Psychiatern und teilweise von Psychoanalytikern teilten diese Meinung. Durch das Studium der narzißtischen Phase ist es gelungen, eher zu einer umgekehrten Vorstellung zu gelangen. In Wirklichkeit ist das Erlernen des Umganges mit der Ambivalenz der weltlichen Beziehungen (mit ihrer Unsicherheit und Doppeldeutigkeit also) das Los der normalen Entwicklung. Die Verstrickung aber in der Ambivalenz und das Unvermögen, diese zu akzeptieren und mit ihr auch umzugehen, ist das Schicksal des künftigen Neurotikers und ganz besonders des sogenannten Geisteskranken.

Die Katastrophe des Autismus

Dieser Tatbestand führt uns zu der näheren Erwähnung der »autistischen Katastrophe«. Wie es zu ihr kommt, können wir schon aus dem Gesagten ziemlich sicher folgern: der Autismus ist die Folge einer Ablehnung seitens der Mutter, die in einigen Fällen eindeutig ist und die Gestalt von Mißhandlungen und Verwahrlosung annimmt, in anderen Fällen im Verborgenen wirkt und den sich entwickelnden Menschen zutiefst verunsichert. Eine durch diese direkte oder indirekte Ablehnung verursachte radikale Störung des narzißtischen Stadiums wird die Bildung des Ichs, d. h. die eigentliche Identität des Kindes als klare Abgrenzung zwischen sich selbst und der Welt in Frage stellen. Ich bin der Meinung, daß insbesondere der Terminus »Primärer Narzißmus« einer normalen Entwicklung vorbehalten werden sollte, wohingegen der Terminus Autismus immer nur Störungen des Narzißmus bezeichnet. Nicht alle Autoren machen diesen Unterschied. So spricht die Kinderpsychoanalytikerin Margaret S. *Mahler* – einer der besten Forscher des Narzißmus – von einem (normalen) autistischen Stadium, das mit der Geburt eingeleitet wird und einige Wochen dauert. Das wäre ein Stadium der Desorientierung, da das neugeborene Kind zum ersten Mal sich in einer anderen Welt zurechtfinden soll. Es kompensiert das Ausgestoßenwerden aus der Geborgenheit des Mutterleibes in die vergleichsweise unsichere Welt mit der Verstärkung der Eigenliebe d. h., da es noch kein Ich besitzt, durch eine Zeit der Apathie, des Dauerschlafes und der relativen Kommunikationslosigkeit. An sich sind diese Verhaltensweisen auch für den krankhaften Autismus charakteristisch und man sollte hier vielleicht nicht um Worte streiten. Doch um mehr Ordnung in den überaus komplizierten Tatbestand des narzißtischen Lebens, der beginnenden Sozialisation und dem Mißlingen derselben im Autismus zu bringen, würde ich auch für diese kurze Phase nicht gerne das Wort Autismus gebrauchen. Dem Wort Autismus, wenigstens in seiner pathologischen Bedeutung, die ich ihm gerne beibehalten würde, haften nämlich auch ganz andere reaktive Eigenschaften an.

Sehen wir uns zunächst einmal die normalen vorsozialen Ausdrucksformen des Kindes nach dem erfolgreichen Durchlaufen der ersten relativ kommunikationslosen Wochen an. Mit vier Wochen – wohl nach der »Desorientierungsphase«, die nach Margaret S. *Mahler* der Geburt folgt – schaut sich der Säugling ein menschliches Gesicht lieber an als andere Objekte (der Psychoanalytiker John *Bowlby* spricht in diesem Zusammenhang von einer »Orientierungsphase«). Kopfdrehen und Saugen, Greifen, Anklammern und Nach-etwas-langen sind weitere Kommunikationsmerkmale. Das Lächeln als spontane Kommunikation hatte, wie es *Bowlby* hervorgehoben hat, schon Charles *Darwin* beschäftigt (1872). *Bowlby* unterscheidet die Phasen des spontanen Reflexlächelns, dann des unselektiven sozialen Lächelns (schon nach 2 Wochen) und endlich des selektiven sozialen Lächelns (Vorformen ab der vierten Woche). Nach vier Wochen setzt auch ein soziales »Gurgeln und Krähen« ein, das um so ausgiebiger wird, je öfter es beantwortet wird. Solche Ausdrucksformen werden in der Regel »von den Partnern des Babys begrüßt und gewöhnlich freudig ausgelöst und ermuntert«. Aber auch das Schreien, das »von ihnen nicht begrüßt wird«, ist sehr differenziert und von der Mutter in der Regel richtig interpretiert (Hunger, Alleinsein usw.).

Gerade diese scheinbar so einfachen Kommunikationsmöglichkeiten können bereits gestört werden, wenn die Bedingungen zur autistischen Entwicklung gegeben sind.

Allerdings ist es selten, daß diese Kommunikationsmöglichkeiten bereits in einem so frühen Stadium deutlich versagen. Wohl würde ein sehr aufmerksamer und unparteiischer Beobachter bereits in diesem Frühstadium der Kommunikation Störungen im Falle des Autismus entdecken. Doch die autistische Psychose kann im allgemeinen sich erst nach und nach verdeutlichen, wobei man unter autistischer Psychose eine tiefe Identitäts- und Kommunikationsstörung beim Kind versteht; beim Erwachsenen kommt sie deutlich nach einer scheinbar – nur scheinbar! – längeren »normalen« Entwicklung vor und nimmt dann die klinischen Formen vornehmlich der Schizophrenie an, unter gewissen Umständen aber der Melancholie oder des manisch-depressiven Zustandsbildes. Wie gesagt: nur ein idealer, aufmerksamer und fachkundiger Beobachter könnte die psychotische »Karriere« (so Ronald D. *Laing*) frühzeitig, ja bereits beim Säugling erkennen; die klassische Psychiatrie spricht unzutreffenderweise von der präpsychotischen Neurose.

Zum autistischen Syndrom (unter Syndrom versteht man ein Gesamt von begleitenden Erscheinungen) gehört sozusagen die Kündigung der Beziehungen zur Welt, weil diese Beziehungen durch das heranwachsende oder schon scheinbar erwachsene Subjekt als unlebbar empfunden werden.

Daß man bis heute zwischen Narzißmus und Autismus schwer unterscheidet und die Schizophrenie noch immer »narzißtische Neurose« nennt, hängt damit zusammen, daß das Subjekt im Verlauf der Regression aus der unlebbar empfundenen Welt versucht, alte narzißtische Zustände zu beleben, was ihm übrigens nie ganz gelingen kann – daher gerade das Katastrophale und »Krankhafte« der Psychose. Erinnern wir uns daran, daß Sigmund *Freud* vom sekundären Narzißmus sprach. Manche Psychoanalytiker haben diese Unterscheidung vertieft. Wir haben oben gesehen, daß Günter *Ammon* vier Kategorien im Narzißmus unterscheidet. Dieser sekundäre Narzißmus nach *Freud* (falls wir nicht darunter die unbedingt notwendigen Phänomene verstehen wollen, die *Freud* selbst »Resterscheinungen« genannt hat – etwa die gesunden narzißtischen Regressionen im Schlaf, in der Liebe usw. –) ist ein »Defektnarzißmus« bei defekter Ich-Struktur (so *Ammon*). Das Wort Defekt bedeutet Mangelerscheinung und ist selbst nur in einem sozialen Kontext zu verstehen. Die Erscheinungen des sekundären Narzißmus werden als »Defekte« in der heutigen Gesellschaft empfunden; man könnte ebenso gut von einer »Minorität«, also von einer Minderheit innerhalb einer Kultur, mit *Laing* sprechen. Auch anläßlich der Psychose spricht *Laing* von einer »psychotischen Karriere« oder von einer »psychotischen Praxis« – d. h. von abweichenden Verhaltensweisen, die von der Gesellschaft ebensowenig akzeptiert werden, wie die abweichenden Verhaltensweisen der Verbrecher. »Geisteskranke« und Verbrecher werden mit Vorliebe von der Gesellschaft isoliert, und erst seit einiger Zeit macht man einen gewissen Unterschied in der Behandlung der »Geisteskranken« und der Behandlung der Verbrecher. Man versucht allerdings in schüchterner Weise, auch die Verbrecher allmählich wiederum wie die »Geisteskranken« zu behandeln, d. h. in einer etwas humaneren Weise als bis jetzt. Doch die Isolierung bleibt im allgemeinen die verhängte Strafe, und Psychiater wie Franco *Basaglia*, die darauf hinweisen, daß man ein isoliertes Subjekt nicht noch dazu mit gesellschaftlich institutionalisierter Isolierung bestrafen darf, sind noch in der Minderheit. Nun aber zum Autismus, nachdem die Kompliziertheit der Unterscheidungen und der Nuancierungen kurz angedeutet wurde. Man spricht also vom echten Autismus vor allem in bezug auf das psychotische Kind. Entgegen dem in Fachkreisen verbreiteten emotional getönten Widerstand gegen die Anerkennung echter Psychosen bei kleinen Kindern verfolgen heutige Kinderpsychoanalytiker, wie Margaret S.

Mahler, Françoise *Dolto*, Maud *Mannoni* und viele andere die theoretische und praktische Erhellung jenes klinischen Bildes, welches weder in die Kategorie der Neurose (schwächere Störung) noch in den »Abfallkorb des Organischen« (anatomische Grundlage für eine Störung) hineinpaßt.

Im vorigen Jahrhundert hat Sante de *Sanctis*, ein italienischer Psychiater, die kindliche Psychose entdeckt und benannte sie »frühkindliches Irresein« in Anlehnung an das Jugendirresein, wie man damals manche Formen der Schizophrenie nannte. L. *Kanner* entwarf erneut und in einer moderneren Sprache das Bild dieser Psychose. Vom dynamischen Standpunkt aus gesehen haben die Psychoanalytiker erkannt, daß der frühkindliche Autismus eine Abwehr – eine »krankhafte« Abwehr, weil das Kind über keine normalen Abwehrmittel bei schwierigen Störungen von seiten der Mutter verfügt – gegen die radikale Versagung der grundlegenden Bedürfnisse des Menschenkindes in seinen frühen Lebensmonaten darstellt. Der Sinn des Autismus ist also in der grundlegenden Abwehrhaltung jener Kinder zu suchen, für die der Dyade-Partner, aus dem das primäre Liebesobjekt werden soll, in dieser Funktion nicht existent ist oder dieser Funktion keineswegs genügen kann. Es fehlt einem solchen Kind die normale, vertrauensvolle, unbewußte Erwartung, von seiner Mutter vor Affekthunger errettet zu werden. Ein solches Kind wird unfähig werden, das menschliche Objekt als Mitmenschen in der Außenwelt überhaupt zu sehen, d. h. es als unterscheidbares Wesen anzuerkennen, mit dem gegenseitige Beziehungen möglich sind *(Mahler)*.

Das Werden des autistischen Kindes setzt weniger eine, bislang übrigens unbewiesene, angeborene Veranlagung voraus, als vielmehr möglicherweise eine pränatale Schädigung und vor allem das Nicht-Funktionieren des »sozialen Uterus« und führt zur Entseelung und Mechanisierung an der Wurzel der gesellschaftlichen Beziehungen.

Die Unfähigkeit, Menschen als Mitmenschen zu erkennen, ist bekanntlich bei den autistischen Kindern geradezu buchstäblich zu verstehen. Die Krankengeschichten solcher Kind sind für einen unvorbereiteten Erwachsenen unheimlich. Diese Kinder können große Fertigkeit in der Handhabung der unbelebten Dinge erreichen, von denen sie keine Spontaneität und daher auch keine Verunsicherung – das ist wichtig! – zu fürchten haben. Die Anwesenheit der Menschen wird mit Angst oder mit völliger Beziehungslosigkeit quittiert, außer wenn das autistische Kind die Menschen genauso wie unbelebte Dinge rein instrumental behandelt: ungefähr so, wie wir Erwachsenen etwa einen Automaten behandeln, der gespeicherte Genußmittel und Zigaretten auswirft. Es kommt daher zu einer wirklichen Automatisierung in den Verhaltensweisen der autistischen Kinder, die sie ein bißchen Roboterähnlich macht. Das autistische Kind lebt in einer total mechanisierten unbelebten Welt und gerät in Panik, wenn belebe Objekte sich aufdrängen. Wenn man hier bedingt von einer »Weltanschauung« sprechen darf, so ist letztere geradezu erschreckend, sie ist die Anschauung einer leblosen Welt, wie dies Bruno *Bettelheim* in klassischer Weise beschrieben hat. Die sprachliche und soziale Entwicklung solcher Kinder ist verständlicherweise im allgemeinen so gut wie nicht vorhanden oder ist bloß eine gewisse Anpassung zum Funktionieren in einer automatischen Welt. Es kommt zu keiner Entwicklung des Symboldenkens und daher der Sprache. Deshalb wird des öfteren die irrige Diagnose von Schwachsinn gestellt. Freilich sind nicht alle Fälle der autistischen Psychose so schwer, es gibt fließende Übergänge zu einer späteren Psychose des Kindes, ja sogar zur Schizophrenie des Erwachsenen. Doch können wir immer von einer »verdinglichten« Welt im Falle des Autismus sprechen und diese Verdinglichung hat vieles mit der gesellschaftlichen Form der »Entfremdung« zu tun, worüber wir noch im Kapitel III sprechen werden. Diese Verdinglichung trifft das Neugeborene in Form einer subjektiven Vermittlung: es hätte die Kontaktfreudigkeit vermittelt werden sollen, vermittelt wurde Kontaktlosigkeit. Das Neugeborene wurde als Partner nicht anerkannt, sondern unterschwellig als Ding bewertet und verbleibt in dieser Welt der radikalen Entpersönlichung. Da das autistische Kind die Grenzen der unpersönlichen Welt nicht überschreitet und sich sogar vor der Überschreitung fürchtet, wird es diese unbelebte Welt in erschreckend folgerichtiger Weise weiterhin herstellen. Es wird die unbelebte Welt als eine relativ sichere jener schlecht belebten Welt, die es von Geburt an kennengelernt hatte, vorziehen – jener Welt, worin nach dem Ausdruck von Karl *Marx* »die seelenlosen Zustände über die Menschen herrschen«. Die seelenlose mechanische Welt gibt diesen Kindern mehr Sicherheit als die »seelenlose« menschliche, die aber in Wahrheit zutiefst unmenschlich ist.

Entwicklungswege im Narzißmus

Margaret S. *Mahler* unterscheidet hier scharf zwischen diesem autistischen Syndrom und einem später verursachten symbiotisch-psychotischen Syndrom. Diese Unterscheidung begründet die Verfasserin mit einer neuen Differenzierung der primär narzißtischen Phase. Es kommt daher, daß M. S. *Mahler* mit dem Terminus Symbiose nicht das Gesamt der Mutter/Kind-Dyade meint, auch nicht die Desorientierung des Neugeborenen in den etwa vier Wochen nach der Geburt, sondern ausschließlich das sich wieder einstellende affektive Gleichgewicht ungefähr am Beginn des zweiten Lebensmonats. Es scheint mir aber, daß bei der Betrachtung der frühkindlichen Psychose die Berücksichtigung der pränatalen Zeit und der hier möglichen Störungen sowie die Geburt selbst und die sofort darauf folgende Zeit nicht fehlen dürfen. Indes finden wir sogar in der pränatalen Zeit Vorbilder für die spätere Mutter/

Kind-Dyade: *Freud* selbst verglich die Beziehung zwischen Mutter und Kind mit dem geschlossenen System des Vogeleis. Erstens ist die Möglichkeit der pränatalen Prägung des Autismus nicht ausgeschlossen. Zweitens ist das gesamte Verhalten des Neugeborenen während des seltenen Wachzustandes auf die ununterbrochene Bemühung zur Homöostase also, zur Ausschaltung der Reize konzentriert. Daher finde ich es nicht ganz begründet, wenn Frau M. S. *Mahler* vorschlägt, für die ersten vier Wochen des Lebens eine »autistische Subphase« im Narzißmus anzunehmen. Um eine solche Annahme ganz plausibel zu machen, müßte man glauben, daß das Neugeborene nichts von der intrauterinen Symbiose gespürt hat, daß es bar jeden Vorstadiums der Kommunikation war und daß es in die ersten Wochen des extrauterinen Lebens nur einen noch totalen Autismus hinübergerettet hat. Freilich muß man, wie schon oft vermerkt wurde, vor übertriebenen Rückprojektionen, späteren Phantasien und Erfahrungen in die pränatale Phase warnen und auf den unentwickelten Empfindungsapparat des Neugeborenen hinweisen.

Es scheint jedoch, daß Keime künftiger Gedächtnisinhalte bereits im fötalen Stadium durch eine Art von Vor-Wahrnehmung vorhanden sind. Dazu gehören z. B. die Bewegung im Mutterleib, das Daumenlutschen und die Andeutung eines »Lächelns« in den letzten Monaten des intrauterinen Lebens. Auf der Basis solcher Gedächtniskeime kann die nachgeburtliche Belastung später spezifische Mängel der Symbolisation, wie solche Mängel bei autistischen Kindern und sogar in den schizophrenen Zuständen charakteristisch sind, mitverursachen. Die Ursachen des Autismus sind kaum in die ersten vier Lebenswochen zu verlegen. Es ist auch nicht ganz einsichtig, aus welchen inneren und sozialen Gründen die Symbiose Mutter/Kind erst nach vier Wochen einsetzt. Wohl ist das Neugeborene im neuen Milieu desorientiert, aber gerade diese Desorientierung macht das stellvertretende Ich der Mutter von Anfang an besonders notwendig. Mit anderen Worten: Die Notwendigkeit des »sozialen Uterus«, in erster Linie durch die Mutter dargestellt, ist seit dem Augenblick der Geburt voll gegeben. Wir dürfen auf keinen Fall bereits in der ganzen vorgeburtlichen und nachgeburtlichen Zeit die unumgängliche Wirksamkeit der Sozialisation verschleiern. Im zweiten Monat des Lebens beobachtet man beim Kinde die Bildung der ersten präobjektalen Beziehungen, d. h. die Vorformen des späteren Verhältnisses zu den Mitmenschen. Hier setzt M. S. *Mahler* den Übergang von der »autistischen Subphase« des Narzißmus in die »symbiotische Subphase« an, deren Höhepunkt im vierten bis fünften Lebensmonat des Kindes erreicht wird. Dies ist nur insoweit berechtigt, als gerade in der kritischen Zeit des Übergangs zwischen dem »Vogeleizustand« (nach *Freud*) und der »Morgenröte« der Objektbeziehung im zweiten Monat des Lebens vermutlich die Dyade Mutter/ Kind von besonderer Bedeutung ist, um das Optimum der Homöostase – das bestmögliche Gleichgewicht also – zwischen den beiden Lebewesen zu erhalten. Frau *Mahler* spricht hier, das Gleichnis *Freuds* dadurch fortsetzend, vom »Bersten der autistischen Schale« und von der Einsetzung der Differenzierung von Selbst und Objekt. Sie spricht sogar sehr bildlich vom »Erlebnis der psychischen Geburt«, die also nach der biologischen Geburt mit Verspätung einsetzt. Man darf aber die Tatsache nicht aus dem Gesichtsfeld verlieren, daß auch dieses Erlebnis der psychischen Geburt noch innerhalb des »sozialen Uterus« stattfindet. Letzterer wird normalerweise zwölf bis vierzehn Monate dauern. Hier findet vor allem die Verschiebung von vorwiegend proprio-enterozeptiver auf eine sensorische perzeptive Besetzung des Körper-Ichs statt. Unter diesem Terminus ist die Ablösung von vorwiegend inneren Empfindungen durch äußere Wahrnehmungen zu verstehen. Dadurch wird das Kind die Reizschranke, von der oftmals die Rede war, allmählich abbauen und sich der Einübung in die äußeren Reize zuwenden. A. *Portmann* hat das schwierige Verhältnis des menschlichen Kleinkindes zu der Nestwärme beschrieben: der Mensch ist sowohl ein extremer Nesthocker (er braucht den »sozialen Uterus« und die nachfolgende langdauernde Sozialisation) und er ist zugleich ein extremer Nestflüchter, d. h., daß die narzißtische Phase durchaus aktiv ist im Dienste der Entwicklung. M. S. *Mahler* spricht von einer Übungs-Subphase, d. h. von der Erwerbung der Fähigkeit zu einer freien aufrechten Fortbewegung, nicht zur Mutter hin sondern weg von ihr. In dieser Subphase muß aber der Rückzug zur Mutter noch ungehindert vorhanden sein, um ein »emotionales Auftanken« periodisch zu ermöglichen. Das gleichzeitige Verlangen nach beiden Richtungen erlaubt die Einübung der immer vorhandenen aber jetzt erst deutlichen Ambivalenz des achtzehn bis zweiundzwanzig Monate alten Kindes *(Mahler)*. Der Wendepunkt der Wiederannäherung ist an der Quelle des konstanten Verhältnisses zu den Objekten der Außenwelt und der sozialen Interaktion. Erst auf diese Weise wird das strukturierte Ich endgültig geboren und zu den notwendigen Ich-Identifikationen führen (Edith *Jacobson).*

Jedenfalls ist von den Unterscheidungen, die M. S. *Mahler* in der symbiotischen Phase macht, die Vorstellung zu behalten, daß die Entwicklung im Narzißmus, wie jede Entwicklung, mit gewissen Widersprüchen und Zäsuren (Unterbrechungen) vor sich geht. Die Lernpsychologen unterscheiden zwischen der einfachen Konditionierung der Reflexe (äußere Bedingung der Antworten) und der Erinnerungsspur, also gespeicherten Erfahrung, und lassen letztere erst ab dem dritten Lebensmonat gelten. Doch auch die Konditionierung geht in die Erfahrung über, da das primär konditionierte Verhältnis zur Brust bzw. zur Flasche noch weiter als zum Selbst gehörend und als unspezifisches bedürfnisbefriedigendes Teilobjekt wahrgenommen wird. Die bedingten Reflexe üben nämlich auch eine integrierende positive Funktion aus. Die Reflexe beim Neugeborenen beziehen sich auf Verhaltensweisen, die erst im späteren Verlauf der Entwicklung eine Rolle spielen werden (Jean *Piaget*); »insofern weisen sie keineswegs jene Passivität auf, die man bereit wäre, ihnen zuzuschreiben, sondern vielmehr offenbaren sie von Anfang an eine echte Aktivität, die gerade für das Vorhandensein einer sehr frühen sensomotorischen Assimilation spricht« (ders.).

M. S. *Mahler* sagt sehr eindrucksvoll: »Was die kleinsten Babies noch nicht erreicht haben, das haben die Psychotiker zu erreichen versäumt: die psychische Geburt, d. h. das Ziel, eine getrennte individuelle Einheit zu werden und die erste, wenngleich noch primitive Stufe der Selbst-Identität zu erklimmen.« Das im Es keimende Ich (wir können von einem spezifisch menschlichen Es-Ich sprechen) ist bereits ein integrierendes Regulationszentrum zwischen dem übrigen Es mit seinen Bedürfnissen auf der einen Seite und der allmählich in der Wahrnehmung auftauchenden Welt. Gerade dieses sich auf dem Weg zur Verselbständigung befindliche »Es-Ich« kann die Mutter des autistischen Kindes oder des späteren Psychotikers nicht akzeptieren, da sie nicht imstande ist, die Homöostase zu gewähren. Dieses »Es-Ich« scheidet dann in seiner beginnenden Organisation das Hilfs-Ich der Mutter aus: es »vor-verdrängt« die Mutter. Die Mutter und mit ihr alles Lebendige fällt als Verdrängung oder Verleugnung unter die Schwelle des Bewußtseins. Somit ist der Autismus nicht so sehr ein Charakteristikum des Narzißmus als vielmehr eine Einnistung im Narzißmus, eine reaktive Einnistung, die sekundäre Züge trägt. Jede Psychose, auch die frühkindliche, ist eine Regression oder zumindest eine tiefe Fixierung und trägt daher die Züge des krankhaften sekundären Narzißmus in sich.

Verleugnung des Kindes

Wir können die autistische Katastrophe und auch andere psychische Störungen, die auf die früheste Kindheit hinweisen, als Mängel der Sozialisation, der Vergesellschaftung ansehen. Nun sagt aber Gottfried Efraim *Lessing,* daß nur derjenige in gewissen Situationen den Verstand nicht verliert, der keinen zu verlieren hat. Die Sozialisation ist alles andere als eine problemlose Angelegenheit. Die Fragwürdigkeit liegt nicht nur in der psychischen Zerbrechlichkeit des menschlichen Neugeborenen, sondern auch in den Eigenschaften der Gesellschaft selbst. In welche Gesellschaft wird das Neugeborene hinein sozialisiert? Auf jeden Fall in eine eher kinderfeindliche Gesellschaft. In manchen patriarchalischen Kulturen war die Geburt des Mädchens ein Unglück, ja das Mädchen durfte getötet oder ausgesetzt werden. Aber noch immer, in unserem europäischen 20. Jahrhundert, wird das Kind, wenn auch nicht ausdrücklich, nicht einmal immer bewußt, als eine Art Ware betrachtet. Das Kind ist unproduktiv vom Standpunkt der Leistungsgesellschaft aus. Obwohl es in Wirklichkeit in den ersten Jahren, ja in den ersten Monaten und Wochen seines Daseins eine Entdeckungs- und Kreativitätsarbeit leistet wie nie mehr im Leben, ist diese Art von Arbeit mit keiner verkäuflichen und konsumfähigen Arbeit verbunden. Das Kind ist also auf alle Fälle eine gewisse Last für die Eltern, insbesondere in der Kleinfamilie des spätindustriellen Zeitalters. Von dieser fast erzwungenen Nicht-Akzeptierung des Kindes sprach ich bereits im Zusammenhang mit dem Problem des Schwangerschaftsabbruches. In den meisten Fällen ist das Kind für die Eltern nicht nur eine Freude, sondern auch eine Belastung. Diese Belastung entspringt nicht nur dem elterlichen Egoismus: im Gegenteil. Die Eltern sind geradezu gezwungen, sich dauernd aufzuopfern, und gezwungene Opferbereitschaft verursacht Aggressivität entweder gegen den Nutznießer des Opfers oder gegen sich selbst als Opfer.

Außerdem ist, wie wir gesehen haben, nicht nur das Kind als solches narzißtisch, sondern auch das Austragen und In-die-Welt-setzen des Kindes mobilisiert starke narzißtische und triebhafte Elemente bei der Mutter und in der Umgebung des Kindes. Der Narzißmus aber unterliegt der Verdrängung, da er den Zielen der Leistungsgesellschaft, wo alles nur nach Zweckmäßigkeit und Konsummöglichkeit gewertet wird, zuwiderläuft.

Wir sahen merkwürdige Eigenschaften der autistischen Psychose: die autistische Welt ist eine mechanisierte, automatisierte und leblose Welt. Sie scheint eine unheimliche Karrikatur unserer Welt zu sein, wo sehr wenig Platz für freie Kreativität und für das Gefühlsleben bleibt. Die Kreativität und die Gefühle werden von der Gesellschaft in Beschlag genommen und bilden jene Anteile der Arbeitskraft des Menschen, die ihm entfremdet wird. Darüber mehr im Kapitel III.

Es ist erwiesen, daß die autistische Störung im Zunehmen begriffen ist. Die psychischen Störungen werden immer häufiger diagnostiziert und das liegt nicht nur an den besseren diagnostischen Mitteln, sondern zeigt zugleich, daß die psychischen Störungen als sozial bedrohlich empfunden werden. Auch nimmt die Zahl solcher Störungen zu, die nur indirekt mit dem Autismus zu tun haben, aber immerhin auf den frühzeitigen und nicht verarbeiteten Verlust des primären Liebesobjektes hinweisen: so die Depressionen und ihre akute Form, die Melancholie. Das Kind wird nicht nur vernachlässigt oder im Gegenteil in seiner Entwicklung durch zu strenge und überholte Forderungen gehemmt, es gibt auch in unserer Zivilisation, dies in einem erschreckenden Ausmaß, eine offene Gewalt gegen Kinder. Der statistische Ausdruck dieser Vernachlässigung oder sogar aktiven Mißhandlung des Kindes erhöht sich von Jahr zu Jahr, so daß ich mein bereits überholtes statistisches Material, um aktuell zu bleiben, durch das neuere der Wochenschrift *Die Zeit* vom 18. Juli 1975 entnehmen will. Hayo *Matthisen* setzt hier den soeben gebrauchten Ausdruck »offene Gewalt gegen Kinder« und gibt die letzten Ziffern dazu. In der Bundesrepublik Deutschland werden jährlich etwa 15 000 Kinder von den Eltern körperlich mißhandelt, 200 davon werden nachweislich umgebracht. Die meisten dieser Kinder werden nicht in einem Affektrausch getötet, sondern langsam zu Tode gequält, wobei die Tortur der Kinder als »pädagogisch« wahrgenommen und ausgegeben wird – das Kind war »zu schlimm«, ihm war nicht anders beizukommen. Dazu die Vernachlässigung und Fahrlässigkeit von seiten der Gesellschaft: 70 000 Kinder unter 15 Jahren verunglückten 1973 bei Unfällen auf den Straßen in der BRD. Davon wurden fast 1800 getötet. 1 000 000 Jugendliche haben keine Lehre abgeschlossen, sind also besonders in der Krisenzeit, die wir gerade durchmachen, von Arbeitslosigkeit bedroht. Bereits (1975) rund 100 000 sind ohne Arbeit und 80 000 werden jährlich ohne ein Abschlußzeugnis aus den Schulen entlassen und haben somit keine Aussicht auf einen richtigen Beruf. Rund 100 000 junge Menschen in der BRD sind alkoholkrank und die Tendenz ist rapide ansteigend. Über 73 000 Kinder wurden im Jahre 1973 straffällig; hier ist die Tendenz auch stark steigend. Ebenso stark steigend ist die Zahl der drogenabhängigen Kinder. Alles das hindert die Gesellschaft nicht, Milliardenumsätze mit künstlich geweckten Bedürfnissen bei Kindern und Jugendlichen zu machen.

Wir sehen also, daß die Störungen der Sozialisation nicht nur in der Kleinfamilie, die nur eine Vertretung der Gesellschaftsordnung ist, sondern in der Großgesellschaft so stark vertreten sind, daß sie wohl als der Struktur zugehörig zu betrachten sind. Um in dem Bereich der Psychologie zu bleiben, ist wohl zu betrachten, daß die meisten Mißhandlungen und Vernachlässigungen der Kinder auf nicht überwundenen narzißtischen ja autistischen Spuren bei den Eltern und Erziehungsberechtigten hinweisen. Jean

Piaget machte auf den »Pseudodialog« der kleinen Kinder aufmerksam: als eine Vorstufe zum sinnvollen Kommunikationssprechen setzt bei Kleinkindern ein Stadium ein, wo sie, wenn sie sich miteinander »unterhalten«, ein Nebeneinander von sprachlichen Äußerungen von sich geben; wo sie zwar lebhaft plaudern aber keine gezielten Antworten und keine gezielten Fragen formulieren. Etwas Ähnliches wie dieser Pseudodialog findet zwischen Erwachsenen und Kindern in der heutigen Gesellschaft statt, wobei man die Schuld der Erwachsenen nicht personifizieren soll.

Die Forderungen des gesellschaftlichen Seins, die Ausbeutung der menschlichen Arbeitskraft und das schwindelerregende Tempo der technologischen, zivilisatorischen Entwicklung bringt es mit sich, daß sich die Kluft zwischen den Generationen nachweislich vergrößert. Der erwachsene Durchschnittsmensch scheint dieser akuten Lage und diesem rasanten Tempo nicht gewachsen zu sein: die Anpassung beim Menschen folgt immer mit einer gewissen Verspätung nach der tatsächlichen Veränderung seines Milieus und hat außerdem Grenzen, die nicht sofort überschritten werden können. Da vorläufig keine Wendung zu einem Ausgleich der sozialen Ungerechtigkeit und eines vernünftiger eingesetzten technologischen Fortschrittes abzusehen ist, bezahlen die Kinder einen höheren Preis bei der Anpassung als die Erwachsenen, und die Erwachsenen können immer weniger Vorbild und Berater des Kindes sein. Man hat eine Lösung in der sogenannten antiautoritären Erziehung gesucht, und es war ganz bestimmt eine falsche Lösung, wenn auch nicht die falscheste. Denn die Sozialisation setzt Normen und eine »erwachsene« Sprache voraus, in die hinein das Kind sozialisiert werden soll. Das sind sogenannte tradierte Werte, die jetzt nicht Mode sind, die aber vorhanden sein müssen, um die Sozialisation überhaupt erst möglich zu machen. Es ist eine durchaus verkehrte, wenn auch menschlich verständliche Situation, wenn im Prozeß der Sozialisation nicht das Kind vom Erwachsenen sondern der Erwachsene sich vom Kinde leiten läßt. Es wurde jetzt im großen und ganzen mit den Übertreibungen der antiautoritären Erziehung aufgeräumt, doch leider gibt es noch keine gültige Alternative hierzu, denn eine autoritäre Erziehung ist gerade in der Zeit der Umwertung noch schlechter als die antiautoritäre.

Aus einer meiner Publikationen möchte ich einen »kleinen« Fall der Kindermißhandlung anführen, der sehr lebhaft die fast ausweglose Situation einer gesellschaftlich bedingten Kinderverleugnung durch die psychisch und sozial verkümmerten Eltern illustriert. Die französische Zeitung *Le Monde* vom 9. Januar 1959 brachte folgende Notiz: »J. B., 25 Jahre alt, Pfleger in der psychiatrischen Klinik Salpêtrière in Paris, wurde soeben der fahrlässigen Tötung seines zwei Monate alten Töchterchens Evelyne angeklagt. Um das Kind am Schreien zu hindern, da es die Nachbarn des Zimmers auf der Klinik, worin J. B. mit seiner Gattin aus Mangel einer Wohnung lebte, wecken könnte, hatte J. B. jede Nacht Leukoplast auf den Mund des kleinen Mädchens geklebt. Das Kind vertrug diese Behandlung bis zur Nacht von Dienstag auf Mittwoch. Es hatte einen Schnupfen bekommen und, obwohl das Leukoplast sehr sorgfältig angebracht war, so daß die Nasenlöcher des Kindes frei blieben, konnte das Kind nicht mehr atmen. Es starb an Erstickung. J. B., völlig zusammengebrochen, zeigte sich der Polizei an.«

Narzißmus, Autismus und Übertragung

Wie kann man dem Geschädigten, dem Mißhandelten, dem autistisch Gewordenen mit psychologischen Mitteln helfen? Immer häufiger hört man das resignierende Argument, daß einer so stark bedrohlichen sozialen Lage mit einzelnen Mitteln der Psychologie nicht beizukommen sei. Es ist auch einleuchtend, daß die Energie der bewußt gewordenen Menschen mehr auf breit angelegte Aktionen zu Veränderungen dieser Lage angewandt werden sollten als auf individuelle Versuche, die dem Tropfen im Ozean vergleichbar sind. Außerdem, auch »der Erzieher soll erzogen werden« *(Marx)* und woher diese Erziehung, diese Sozialisation, wenn nicht aus demselben giftigen Reservoir?

Trotzdem: das menschliche Bewußtsein, wenn es auch primär vom Sein abhängig ist, ist eine große Kraft, und jede Besserung des Zustandes kann nur durch Vertiefung und Mehrung des Bewußtseins in allen gesellschaftlichen und auch privaten Belangen erfolgen. Die Psychoanalyse ist ganz gewiß ein Produkt ihrer Zeit, eine gleichsam bürgerliche Wissenschaft, die nur von den Unarten des bürgerlichen Daseins lebt. Doch stellt sie sich gegen diese Unarten und versucht, Kritik an ihnen einzusetzen in einer geduldigen Arbeit mit dem Menschen. Und gerade die Psychoanalyse als einzige Form der Therapie mit Individuen oder Kleingruppen hat auch eine Entdeckung gemacht, die sie folgerichtig anwendet und vertieft. Diese Entdeckung können wir vereinfacht formulieren, indem wir sagen, daß der Autismus nur durch Übertragung der Gefühle überwunden werden kann, und wo noch die leiseste Möglichkeit dieser Übertragung vorhanden ist, ist auch eine gewisse Möglichkeit der Überwindung gegeben.

Unter Übertragung verstehen wir in der Psychoanalyse das Hinübernehmen früher erlebter Situationen, insbesondere frühkindlicher Situationen, in unser aktuelles Wirken. Alles Gelebte, insbesondere das Gelebte, mit dem wir nicht rechtzeitig fertig geworden sind, hinterläßt Spuren, die als konflikterzeugend ins Unbewußte verdrängt wurden oder im Bewußtsein in stark verzerrten Gestalten weiterexistieren (z. B. Rationalisierungen), rufen starke Affekte hervor, die scheinbar unerklärlich sind und die ihrerseits entweder unterdrückt oder verändert werden.

Es bilden sich also Abwehrmechanismen, um das Nichtfertig-Gewordene und Verdrängte irgendwie hinwegzurationalisieren oder scheinbar ungeschehen zu machen. Deshalb ist das Bewußtmachen jener psychischen Inhalte, die der Vergangenheit angehören und die Entwicklung gestört haben, besonders schwer und mit dem sogenannten »Widerstand« belegt. Der Widerstand ist gleichsam die Kehrseite der Übertragung. Auch er, wenn er nur entziffert werden kann, gibt uns Auskunft über das längst Vergangene.

Nicht nur frühkindliche Erlebnisse hinterlassen Spuren, die in neue, halbwegs analoge Situationen hineingetragen werden. Wir können überhaupt nichts Neues erkennen, wenn wir das Neue nicht mit dem Alten vergleichen, die neuen Inhalte in das Kontinuum unseres psychischen Lebens integrieren können. Doch bei psychischen Störungen und überhaupt bei Konflikten hat die Psychoanalyse vor allem mit der Übertragung störender, bedrohlicher Erlebnisse zu tun. Wir erinnern uns wieder daran, daß bereits im Stadium des Narzißmus schwere Schädigungen vorkommen können, die eigentlich nie bewußt werden, ihre Spuren jedoch im Unbewußten hinterlassen, so daß ihre Wirksamkeit durch Analyse der Analogien und Ähnlichkeiten im Leben erreicht werden können. Wir haben den Vorschlag begründet, unter Autismus keinen normalen Narzißmus sondern bereits eine solche Störung – also einen sekundären Narzißmus – zu verstehen. Wer kein glückliches narzißtisches Stadium durchlebt hat, muß ein solches nacherleben. Da niemand es willentlich erreichen kann, werden spätere Kränkungen des Narzißmus in irgendeiner Form wiederholt und das noch lange im Erwachsenenalter. Der Autismus verursacht eine Störung in der Wahrnehmung der Welt und ist ein Versuch, späte Selbstliebe zu errichten, weil die Akzeptierung durch die Welt nicht genügend zur Geltung kam. Nur derjenige kann sich auch mögen, der von den Mitmenschen rechtzeitig und vollständig akzeptiert wurde. Alle Enttäuschungen in dieser Hinsicht werden zu inadäquaten Erlebnissen mit den Mitmenschen und zu inadäquater Selbsteinschätzung führen.

In der Einleitung zu dieser Schrift sagte ich: »Wir dürfen den Narzißmus als ›Schule der Liebe‹ bezeichnen«; in der unterkühlten wissenschaftlichen Sprache können wir auch »Schule der Kommunikation« sagen. Verläuft diese Schule normal, so führt sie zu der Fähigkeit zu der liebenden, nicht-aggressiven Kommunikation. Der Autismus ist in meinen Augen immer »sekundärer Narzißmus«; und der Autismus ist nur insofern Narzißmus, als die Übertragung noch möglich ist, was im Autismus, wenigstens im Grenzfall, nicht mehr möglich ist. Er ist eine verdorbene Frucht des Narzißmus. Im Gegensatz zu früheren Theorien (die allerdings noch gang und gäbe in der Psychiatrie sind), worin angenommen wurde, daß die Übertragung im Narzißmus unmöglich sei, glaube ich, daß der Narzißmus gleichsam eine Übung der Übertragung ist. Wohl ist sie zunächst schwach, weil die Welt des Subjektes noch nicht von der Welt des Objektes getrennt ist. Der Autismus hingegen, falls er rein sein könnte (und in mancher frühkindlicher autistischer Psychose so wie in manchem schizophrenem Endzustand ist er nahe dran, »rein« zu sein), leugnet radikal die Möglichkeit der Übertragung. Umgekehrt, wenn der Autismus doch geheilt oder gebessert werden kann, so nur durch die Herstellung der Übertragung.

Störungen in der Kommunikation mit der Welt, insbesondere mit gewissen Bezugspersonen, kommen in jedem normalen Leben vor und steigern sich bei sogenannten neurotischen Symptomen, die eigentlich einem Charakterfehler gleichkommen, wenn man unter Charakter nicht etwas Vorgegebenes, sondern das dynamische Werden der Person versteht. Im täglichen Leben werden solche gestörten Beziehungen nur selten korrigiert: weder der Betroffene selbst noch seine Umgebung sind in der Lage, den Anteil alter Übertragungen zu erraten und richtig zu würdigen und zu behandeln. Wenn diese Störungen unerträglich werden, so muß eine entsprechende psychische Behandlung das Entstehen solcher Übertragungen aufzeichnen und korrigieren. Die Psychoanalyse, die in ihrer »klassischen« Form als Behandlungsmethode relativ selten angewandt wird, da sie sehr viel Zeit in Anspruch nimmt, hat gerade die langsame Handhabung der Übertragung früherer Situationen auf die Person des Psychoanalytikers und die damit verknüpften Widerstände zum Hauptinhalt ihrer Behandlungstechnik. Übertragung und Widerstand sind wie zwei Säulen einer Psychotherapie und müssen auch bei Anwendung anderer psychotherapeutischer Techniken berücksichtigt werden. Die Psychoanalyse versucht jedenfalls bei der Behandlung neurotischer Übertragungen und Widerstände sehr behutsam die Herde der Störung durch die langwierige Besprechung des unbewußten Materials bloßzulegen. Da bei leichteren Störungen der Bezug des leidenden Menschen zur Realität noch relativ gut erhalten bleibt, wird dabei angestrebt, alle Erinnerungen, Träume, Fehlleistungen usw. durch ihre möglichst rückhaltloses Aussprechen (Verbalisation) und ihre Hebung ins begriffliche Bewußtsein zu erreichen. Doch merkten die Psychoanalytiker selbst, daß bei Personen, die noch kein festes und halbwegs normales Verhältnis zur Wirklichkeit besitzen, und das sind vornehmlich Kinder und sogenannte »Geisteskranke«, die ausschließliche Anwendung der Verbalisation nicht zielführend ist. Tatsächlich, je frühzeitiger und zugleich je bedrohlicher die psychischen Störungen stattfanden, um so weniger ist der Leidende imstande, sie in Erinnerung zu bringen oder sie auszusprechen. Auch der affektive Widerstand ist dabei so bedeutend, daß er durch die Verbalisation allein und durch die daraus entstehende Einsicht nicht zustandekommt. In solchen Fällen greift auch die Psychoanalyse zu einer aktiven Therapie, die aber vollständig auf psychoanalytische Kenntnisse aufgebaut bleibt. Gedacht wird dabei in verschiedenen Varianten an das, was die schweizerische Psychoanalytikerin Marguerite A. *Sechehaye* »symbolische Verwirklichung« genannt hat. Es wird nämlich in den Kontakten zwischen dem Analytiker und dem Analysanden versucht, in symbolischer Form gerade jene Stadien nachzuvollziehen, die durch ihr Ausbleiben oder ihre schwere Störung das Gesamtleiden, hier etwa die »Geisteskrankheit« verursacht haben. Dabei wird die früher stattgefundene unglückliche Berührung mit der Welt durch absolute Akzeptierung des Patienten wettgemacht.

Zu dieser aktiven Methode der Psychoanalyse, die nur bei erwachsenen und kindlichen Psychosen angezeigt ist, wollen wir drei kurze Beispiele sehen.

Der klassisch gewordene Fall von Marguerite A. *Sechehaye*, die junge Schizophrene Renée, wurde damals als unheilbar bezeichnet. *Sechehaye* hat sich dennoch mit ihr befaßt und an den Erfahrungen mit Renée die Methode der »symbolischen Verwirklichung« entwickelt. Sie merkte, daß Renée in ihren frühesten Bedürfnissen enttäuscht worden ist. Die früheste Bedürfnisphase nach der Geburt wird im allgemeinen orale Phase genannt, da Hunger und Liebe noch nicht entmischt sind und die regelmäßige Zuwendung der Ernährerin brauchen. *Sechehaye* stellte fest, daß Renée, die jede Kommunikation mit der Psychoanalytikerin ablehnte, die Äpfel, die sich auf der Anrichte befanden, stahl. *Sechehaye* begann damit, daß sie Renée geschälte Apfelteile schenkte, dabei die Brusternährung mimend und die junge Patientin liebkosend und lobend. Diese Art der Kommunikation schlug sofort positiv ein und *Sechehaye* bemühte sich systematisch, die frühkindlichen Beziehungen jetzt in ungestörter Weise und in liebender Zuwendung in aktiver Form auszubauen. Die Periode des glücklichen Narzißmus in der Mutter/Kind-Dyade wurde gleichsam nachgeholt und fortgesetzt.

Einer meiner Patienten mit starken schizoiden (schizophrenieähnlichen) Zügen, die ihn in seiner hohen Beamtenstellung eine Zeit lang arbeitsunfähig machten, begann spontan, mir Hunderte von Zeichnungen zu bringen, die sich alle glichen. Sie stellten den Patienten selbst dar, und zwar in einer kindlichen ironischen Art und Weise mit Zylinderhut und Regenschirm. Doch war die Selbstzeichnung in einen Kreis eingeschlossen, den ich zuerst als Isolierung interpretierte. Jedoch nahm dieser gezeichnete Kreis immer mehr die Form des Bauches einer schwangeren Frau an. Immer wieder zeichnete der Patient sich selbst im Leibe der Mutter, wobei er die Mutter mit unflätigen Beschimpfungen bedachte. Ein Großteil der Therapie ging durch das Zeichnen vor sich. Der Patient zeichnete u. a. auch das Verlassen des Mutterleibes. Gleichzeitig begann er Hunderte von Papierblättern mit seiner Unterschrift zu füllen. Die Unterschrift diente zur Wiederfindung der Identität. Der Patient hinterließ Tausende von Zeichnungen, die zum Schluß sehr realitätsangepaßt waren, als er seine berufliche Tätigkeit wieder aufnehmen konnte.

Ein letztes Beispiel. Gegen Ende des Krieges wurde eine etwa zwanzigjährige Schizophrene irrtümlicherweise in die Anstalt, in der ich tätig war, eingeliefert. Da sie in dieser Anstalt, die leichteren Neurosen und neurologischen Fällen vorbehalten war, nicht bleiben durfte, bat mich der Oberarzt, die junge Patientin nur kurz zu besuchen. Ich saß am Fußende ihres Bettes und betrachtete sie schweigend, weil sie keine Notiz von mir nahm. Sie halluzinierte heftig und führte unverständliche Gespräche mit den halluzinierten Personen. Ganz unerwartet für mich schaute sie mir plötzlich in die Augen, richtete sich im Bett auf und küßte mich. Als ich versuchte, herauszubekommen, warum sie das tat, verfiel sie wieder in ihre gänzlich abwesende Art und befaßte sich mit ihren Halluzinationen. Ich habe sie nicht wiedergesehen – sie kam in eine Pflegeanstalt, wo unheilbare Fälle durch die Nationalsozialisten getötet wurden. Ich selbst konnte mit diesem kurzen Erlebnis nichts anfangen, war ich doch damals ein unerfahrener dreißigjähriger Assistent. Ich hatte aber Gelegenheit, dieses Erlebnis nach dem Kriege mit Marguerite A. *Seche-haye* zu besprechen und verstand aus dem Gespräch, daß ich eine Möglichkeit der Heilung oder einen Versuch derselben einfach nicht rechtzeitig erkannte. Vielleicht hatte die junge Schizophrene die Absicht, einen »anderen« in mir oder durch mich zu küssen. Tatsache aber ist, daß sie ihre Affekte in positiver Weise auf eine Person ihrer Umgebung übertrug – sie war übertragungsfähig und eigentlich dadurch heilungsfähig. Wenn eine Arbeit im Sinne der »symbolischen Verwirklichung« durch die Umstände mit ihr möglich gewesen wäre, so hätte ihr Schicksal wahrscheinlich eine andere Wendung genommen.

Die Übertragung dient also gerade dem Wiedererleben der frühen Affekte in einem neuen positiven Zusammenhang. Die Übertragungslehre ist wohl eine der gesichertsten und der praktisch bedeutendsten der Psychoanalyse. Die Psychoanalyse ist keine exakte Wissenschaft im Sinne einer mathematischen Überprüfungsmöglichkeit. Viel zu reichhaltig ist das menschliche Leben für eine solche Überprüfbarkeit, auch ein verkümmertes Leben: dieses Leben ist zu sehr von ungezählten Ursachen »überdeterminiert« *(Freud)*. Die pschoanalytische Technik ist schon viel eher etwa einer kriminologischen Untersuchung ähnlich (nur daß sie nicht gegen den Patienten geführt wird) oder einer archäologischen Rekonstruktion der kulturellen Vergangenheit oder auch dem Verständnisprozeß einer Sprache, eines individuell geprägten und dadurch verschleierten Code *(Lacan, Lorenzer)*.

Diese eigenständige wissenschaftliche Methodologie in der Psychoanalyse hat unzählige Kritiker aus dem positivistischen Lager mobilisiert. Was garantiert uns tatsächlich, daß in der Psychoanalyse wirkliche Erlebnisse nachvollzogen und in der Übertragung wiedererlebt werden? Wer eine Ahnung von der Psychoanalyse hat, weiß, daß die Garantie keine mathematische ist, sondern an das Evidenzgefühl grenzt. Die Garantie ist in der affektiven Beantwortung gegeben, im mitmenschlichen Kontakt und auch, wenn nicht immer in der »Heilung«, so doch in der psychischen Bereicherung des Patienten durch die neue Assimilation der Grunderfahrungen, die er vollbringt. Es wäre dabei nicht einmal wesentlich, ob manches dabei herbeiphantasiert wird, denn es handelt sich ja nicht um eine mathematische Rekonstruktion, sondern eben um eine Assimilation *(Piaget)* und damit um eine Änderung der eigenen Praxis in dieser Welt oder, wenn man so sagen will, um ein Flüssigmachen der durch böse Erfahrungen erstarrten Geschichte. Die »Garantie« liegt im Bewußtwerden neuer Bezüge dank der Übertragung und dem Fortschritt trotz des Widerstandes.

Die Heilung oder zumindest die Besserung und seelische Bereicherung des psychisch gestörten Menschen ist dort möglich, wo noch ein Keim der Übertragungsfähigkeit gerettet wurde. Die fortschreitende Erfahrung der Psychoanalyse zeigt uns, daß diese Keime viel öfter im Kampf um die Existenz gerettet wurden, als man dies früher annahm, da man den sogenannten »Geisteskranken« sehr rasch zum Unheilbaren gestempelt und ihn isoliert hat.

Kapitel III
VERMITTLUNG UND ENTFREMDUNG

Das isolierte Ich und das »Wir-Ich«

Der gegenwärtige Mensch unserer euro-amerikanischen Kultur, die im Laufe der letzten Jahrhunderte die ganze Welt eroberte, versteht sich vornehmlich als ein »Ich«. Wir müssen jedoch feststellen, daß dieses Selbstverständnis nicht unproblematisch ist. In den beiden ersten Kapiteln haben wir uns gerade mit dem Problem der Bildung und Erhaltung des Ich befaßt. In unserem Kulturbereich und insbesondere in unserer Sozialstruktur beherrscht jeden einzelnen von uns die Sorge um das Ich – die bewußte Sorge und eine noch stärkere unbewußte. Aber gerade die Quelle der Sorge um das isolierte Ich bedingt auf der anderen Seite die Tatsache, daß der moderne Mensch für Massenbewegungen und Gruppenunternehmen besonders empfänglich ist. Darin widerspiegelt sich die große Hoffnung, aber auch die große Angst des Ich-bezogenen Menschen.

Nun sahen wir aber, daß das Ich eine relativ späte Bildung in der Lebensgeschichte darstellt und nur durch die Wechselwirkung mit den Mitmenschen zur Geltung kommt. Wir wissen auch, daß stammesgeschichtlich gesehen die extreme Ich-Organisation ein relativ neues Phänomen in der Gattung Mensch ist.

Noch ehe die übrigen Kulturen unseres Planeten unter dem gewaltigen Druck der sogenannten abendländischen Kultur schwinden, können wir an ihnen Reste einer viel mehr betonten Wir-Organisation beobachten. Sogar so hohe und verfeinerte Kulturen wie die asiatischen, welche unserer eigenen Kultur nur auf dem technologischen Gebiet unterlegen waren, scheinen die Ich-Organisation in unserem Ausmaß nicht zu kennen. Es ist allerdings zu beobachten, wie sie mit einer ständig sich beschleunigenden Geschwindigkeit in die Richtung der in Europa geborenen Leistungs- und Ich-Gesellschaft bewegen.

Wir wissen aus der Psychopathologie, daß die spät erworbenen Gedächtnisinhalte, die normalerweise eine vordergründige affektive Rolle spielen, bei der Regression oder Entstrukturierung des Ich am raschesten schwinden, wohingegen die aus früheren Zeiten stammenden Inhalte dieser Entstrukturierung mehr Widerstand leisten. Unsere sogenannte abendländische Kultur hat die Leistungen und die Erlebnisse des Ich besonders hevorgehoben, so daß das Ich – das bewußte, das stellungnehmende und organisierende Ich – noch vordergründig herrscht und seine Konflikte dem Menschen aufbürdet. (Ich brauche nicht eigens zu betonen, daß die Kultur hier weniger unter einem völkischen oder gar rassischen Gesichtspunkt betrachtet wird, sondern vielmehr unter Berücksichtigung der sozial-ökonomischen Struktur, die von ihr hervorgebracht wurde.) Gerät nun das Ich in Abbau, so begegnen wir auf dem Wege der Regression einem inflationären, d. h. sich aufblähenden – manchmal panischen – »Wir-Ich« (man verzeihe mir diese Wortschöpfung, die einen Ableger des frühen symbiotisch-dyadischen Ich bezeichnen soll).

Das stammesgeschichtlich und gesellschaftsbedingte ältere Wir-Ich wird durch unsere Kultur mit ihrer Herrschaftsstruktur unterdrückt und verdrängt. Dieses Wir-Ich kehrt wie alles Unterdrückte und Verdrängte ins Bewußtsein zurück. Diese Rückkehr, solange die Abwehrmechanismen des Ich stark genug sind, ist eine versteckte, beunruhigende, »krankhafte« Wiederkehr. Wir sehen, wie stark die Phänomene der Flucht aus dem stellungnehmenden Ich in die kollektiven Vorstellungen der Subkultur oder Gegenkultur sind. Die sich im Verlauf der Entwicklung zeigenden raschlebigen Phänomene, wie pauschale antiautoritäre Tendenzen, Hang zur Mystik und zur Orgiastik, dann wiederum autoritäre Dressur und stramm organisierte Ideologien – das alles, auch z. B. auf dem Gebiet der Psychotherapie, die auch ihre Sub- und Gegenkulturen kennt, wird in einer Flut von Publikationen und in einem Wirbel von Zirkeltätigkeit repräsentiert, oftmals ohne den Wert eines Zeitungsartikels oder den Ernst eines Sportvereins zu erreichen. Die so gesammelten Eindrücke, Ahnungen und Empfindungen werden zu Grundlagen von »Theorien« erhoben; Behauptungen werden aufgestellt, ohne bewiesen zu sein; Verallgemeinerungen werden bei gänzlicher Unwissenheit von jahrzehntelang stattgefundener Forschung verkündet; Fakten werden durch Rationalisierungen und Ideologien entstellt. Der Rausch (zugunsten dessen vieles anzuführen wäre) ersetzt oftmals die klare Vernunft; aber auch unter der Maske des extremen Rationalismus wird die pseudo-vernünftige Ideologie einer totalen Dressur verkauft: mit *Skinner* »Jenseits von Freiheit und Würde«.

Ich vermute, daß der gewaltsame Kampf der extremen Ich-Organisation gegen die Wir-Organisation von vornherein verloren ist; es bleibt nur zu hoffen, daß die Wir-Organisation sich allmählich von dem archaischen Es entmischt und endlich mit der stellungnehmenden und kritischen Ich-Funktion eine Synthese bildet. Es ist nicht abwegig anzunehmen, daß die kulturelle Vereinheitlichung unseres Planeten durch die geometrische Steigerung der Weltbevölkerung, durch Kolonialkriege sowie durch die Nachrichten- und Fortbewegungstechnik in dialektischer Weise die Gefahren für die Menschheit auf die Spitze treibt, aber in Wechselwirkung mit diesen Gefahren – trotz Rückschlägen und Zuckungen – die »Planetisierung« unserer Welt im Sinne Pierre *Teilhards de Chardin* einleitet mit allen fortschrittlichen Möglichkeiten der in der Zukunft solidarisch geeinten Menschheit. Daß ein Indochinese oder Zulu jetzt zu unserem »Nachbarn« geworden ist und daß sein Schicksal uns rasch und ziemlich unmittelbar berührt, kann (muß nicht) die fortschrittliche Synthese des »Wir-Ich« fördern. Die Zeit allerdings scheint knapp zu sein für das Gelingen dieses qualitativen Sprungs der Menschheit, der von dergestalt verschiedenen Sehern wie *Marx* und *Teilhard* vorausgesagt wurde. Das Gelingen hängt letztlich vom raschen Fortschreiten im Bewußtwerden der Menschen ab.

Das grundsätzliche Verhältnis zwischen Individuum und Gesellschaft ist eine schwierige, teilweise ideologisch verbrämte Fragestellung. Fast immer denkt man dabei, daß die Gesellschaft eine Interaktion von Individuen ist, und daß daher das Individuum der Gesellschaft vorgestellt ist und diese erst bildet. Oder man denkt das Gegenteil davon: Primär ist die gattungsmäßig verankerte gesellschaftliche Ordnung des Menschen, daher ist die Gesellschaft dem Individuum zwangsweise vorgestellt und prägt das Individuum zu ihrem Ebenbild. In beiden Fällen ergibt sich ein undialektisches Bild eines an sich abstrakt autonomen Individuums, welches dann eben »sozialisiert« wird durch mehr oder weniger Zwangsanwendung. Es wäre hier reizvoll, die marxistische Theorie der Werte anzuwenden; vorläufig gibt es nur Ansätze zu dieser Forschung, wenn man von kurzschlüssigen ideologischen Erklärungen absieht.

Wie dem auch sei, es beziehen sich in den oben erwähnten Bildern alle (abstrakt gesehen) Individuen auf sich selbst: als Besitzer auf ihren Besitz. Sie reproduzieren sich selbst als Abstraktionen. Das ist eben das oben kritisierte extrem Ich-bezogene Bild unserer Herrschaftsstruktur. Das Individuum ist ein Atom, das getrennt von den anderen (d. h. eigentlich von der Gesellschaft) existiert. Ein solches Individuum bezieht sich in abstrakter Freiheit auf seinen eigenen Besitz. Da aber die Besitztümer nicht einheitlich verteilt sind, muß es aus seiner »Freiheit« eine Ware machen, um sich Lebensbedingungen zwischen den anderen Individuen zu verschaffen. Das hilflose Kind, von dem wir bereits sprachen, besitzt sich zwar in diesem Bild als abstraktes und potentielles Individuum, muß sich aber bereits verdingen, verkaufen, um sich Lebensmittel (Wärme, Pflege, Liebe, Nahrung) zu verschaffen. Da beginnt die verhängnisvolle Dressur: das Kleinkind kriegt die Lebensmittel nur, indem es seine eigene Individualität total auf den es Besitzenden bezieht. Hierbei bezieht es die Befriedigung der Bedürfnisse nicht unumschränkt, sondern nach einem vorgegebenen Plan: seine Bedürfnisse werden erzieherisch gedrosselt oder hervorgerufen. In diesem primären Stadium ist bereits die Produktion an der gesellschaftlichen Meinung orientiert – orientiert auf das, was die anderen für nützlich halten, um die bestehenden Verhältnisse zu reproduzieren.

Auf der anderen Seite ist es in unserem Stand der Kultur der einzige Weg, aus dem triebhaften Es ein stellungnehmendes Ich zu bilden. Auch in diesem System bildet sich das Ich an den Mitmenschen. Nicht »nackte« Bedürfnisse sind bei dem Menschen feststellbar, sondern historisch und lebensgeschichtlich formierte Wünsche. Das Es wäre das Reservoir der Bedürfnisse; die Kultur prägt sie zu menschlichen Wünschen. Der Satz *Freuds:* »Wo Es war, soll Ich werden«, wurde zweifellos von einem großen Individualisten geprägt, doch sein Verständnis des Ich als umfassende Instanz läßt noch Raum für das »Wirhafte« im Ich. Der nächste Satz, der eine seiner Vorlesungen abschließt, lautet denn auch: »Es ist Kulturarbeit etwa wie die Trockenlegung der Zuydersee« *(Freud)*. Für *Freud* ist das Ich nämlich eine Instanz, die durch die Wirkung der Mitmenschen, also durch die Gesellschaft, aus einer angeborenen Fähigkeit zu einer Wirklichkeit wird. Ich werde durch die anderen; ich muß also auch eine bewußte Art und Weise finden, um mit den anderen ein Wir zu bilden.

Bereits im Jahre 1895 beschreibt *Freud* beim Säugling ein »Abfuhrbestreben«, das einen »Drang« zur Folge hat und der sich auf motorischem Weg entlädt. Dabei wird zuerst die Bahn zur inneren Veränderung (Ausdruck der

Gemütsbewegung, Schreien, Gefäßinnervation) beschritten. Ein solches Abfuhrbestreben durch innere Veränderung kann keinen befriedigenden Erfolg haben, da die Aufnahme der inneren Reize fortdauert und nur durch einen Eingriff von außen, z. B. durch Nahrungszufuhr, Zufuhr von Wärme und liebende Zuwendung, verändert werden kann. Die Aufhebung der Spannung kann nur durch fremde Hilfe erfolgen. Diese Spannungsminderung durch liebende Zuwendung gewinnt auf diese Weise »die höchst wichtige Sekundärfunktion der Verständigung, und die anfängliche Hilflosigkeit des Menschen ist die Urquelle aller moralischen Motive« (Freud). Ähnlich findet Freud die Quelle des Urteils beim Kind in seinen Beziehungen zum »Nebenmenschen«. »Am Nebenmenschen lernt darum der Mensch erkennen.«

Unrecht haben also jene Kritiker, die Freud vorwerfen, eine Es- bzw. Ich-Psychologie geschaffen zu haben zu ungunsten einer Wir-Psychologie. Denn, psychologisch gesehen, sieht das Ich in erster Linie sich selbst gerade als gegenwärtige und krönende Bildung der spezifisch menschlichen Organisation. Man kann daher die Eigenschaft und die Selbstwahrnehmung des Ich nicht ohne weiteres auf das Wir übertragen. Das wäre Psychologismus reinsten Wassers, d. h. eine Überbewertung rein psychologischer Erklärungen.

Gewiß bewegen sich Ich und Wir in einer stetigen Wechselwirkung. Doch wußte Freud – wie schon gesagt – daß die anderen mich primär bestimmen, und ich durch die Gesellschaft zum Ich werde.

Ich habe schon vom Gedankenexperiment gesprochen, ein Neugeborenes direkt aus dem Mutterleib in eine perfekte Isolierkammer zu überführen. Ein solches zugleich geborenes aber auch nicht-geborenes Wesen würde kein Ich bilden, da keine Überführung aus dem physiologischen Uterus in den »sozialen Uterus« stattfand. Der »soziale Uterus« im Sinne A. Portmanns ist eben ein sozialer. Einmal wird es dem erwachsenen Ich gegeben, die Gesellschaft zu prägen, sein Entstehen jedoch verdankt es der Gesellschaft.

Doch hat die Psyche ihre Eigengesetzlichkeit auf dem Hintergrund der Vergesellschaftung. Diese Eigengesetzlichkeit zu ignorieren würde bedeuten, daß man sich den Weg von konkreten Subjekten bis zur konkreten Gesellschaft versperrt. Es besteht leider eine unumgängliche Unschärferelation zwischen den Gesetzmäßigkeiten der Gesellschaft und den Gesetzmäßigkeiten des Ichs, je nachdem wir nun die ersten oder letzteren betrachten. Diese Gesetzmäßigkeiten mögen sich nicht auf der gleichen Seins-Stufe abspielen. Methodologisch jedoch die einen aus den anderen einfach abzuleiten, führt uns in die Gefahr des Ökonomismus (d. h. der alleinigen Betrachtung der ökonomischen Aspekte bei Mißachtung der psychischen Gesetzmäßigkeit) oder in die Gefahr des »Psychoanalysmus« (d. h. ausschließliche Betrachtung psychoanalytischer Gesichtspunkte bei Vernachlässigung der sozialökonomischen Basis).

Anders ausgedrückt: betrachten wir den »Psychoanalysmus«, die Überbetonung des Psychischen, so stellt sich uns die Frage nach der Vermittlung zwischen historischer Gesellschaft und lebensgeschichtlichem Subjekt. Auch für *Freud* wird das lebensgeschichtliche Subjekt erst dank des historischen, erwachsenen Gesellschaftsmenschen. Daß *Freud* die Perspektive der Vermittlung von der Gesellschaft zum Individuum vernachlässigte, nimmt nicht wunder und ist außerdem von seinem Standpunkt aus gesehen legitim. Erst allmählich wird die Einsicht klarer, daß die von *Freud* begründete Psychoanalyse schlechthin die Wissenschaft dieser Vermittlung sein kann.

Die unterschiedlichen Gesetzmäßigkeiten der Gattungsgeschichte und der Lebensgeschichte sind keine geschlossenen Einheiten, und in einem umfassenden System der Wissenschaften würde die eine als Folge der anderen erscheinen. Dennoch: die soziale Herrschaft offenbart sich dem Subjekt nicht nur unmittelbar. Unmittelbar offenbart sie sich fast nur in Situationen wie Ausbeutung, Hunger, Krieg und Terror. Die Rollen, die von und in der Gesellschaft gespielt werden, sind komplizierte Schritte zwischen diesem Druck und der Abwehr und Anpassung des Subjekts. »Psychische Strukturen und Mechanismen (lassen sich) nicht umstandslos aus der Gattungsgeschichte deduzieren, wohl aber, über Zwischenschritte und unter Berücksichtigung des Primats von Gesellschaft, mit gesamtgesellschaftlichen Prozessen vermitteln« (Bruno W. *Reimann*).

Ich möchte vereinfachend sagen, daß die Psychoanalyse gerade die Wissenschaft jener psychischen Strukturen und Mechanismen ist, welche gleichsam »Zwischenschritte« von der Historie (d. h. Weltgeschichte) zur Lebensgeschichte bilden.

Mit anderen Worten: für einen sogenannten Neurotiker ist seine Neurose Problem Nr. 1. Darin irrt der Neurotiker gewiß, aber sein Irrtum ist der der »abendländischen Kultur« und ist letztlich durch die gesellschaftlichen Umstände hervorgerufen.

Die Ziele *Freuds* waren in dieser Angelegenheit relativ bescheiden: aus dem neurotischen Elend das gemeine Elend zu machen. Wir können sagen: aus dem privaten Elend das allgemeine Elend. Nur läßt sich das private Elend mit sozialen Aufklärungen nicht beheben; es läßt sich höchstens in eine Kollektivbewegung integrieren mit allen zersetzenden Gefahren eines unbewußten Unglücks und einer schiefen Motivation. Aus dem privaten Elend endgültige Schlüsse auf das gesellschaftliche Elend zu machen ist unzulässig, da die sozial-ökonomischen Gesetze auch das letztere bestimmen. Unzulässig ist aber auch, das private Elend zu »rasch« und zu »kurzschlüssig« von der sozialökonomischen Basis her wegerklären zu wollen.

In seinem heutigen Verständnis geht der Begriff der »Entfremdung« auf Karl *Marx* zurück: es ist kein psychologischer Begriff in erster Linie, hat aber auch tiefgehende psychologische Folgen, die etwa mit der Verdrängung (Verdrängung aus dem Bewußtsein) und mit Rationalisierung (falsche Folgerungen wegen der Verdrängung von Denkinhalten) im Sinne *Freuds* zu tun haben.

Das Individuum ist für *Marx* das Ensemble (Gesamt) seiner gesellschaftlichen Verhältnisse; etwas vereinfachend können wir sagen: wie die Struktur der Gesellschaft, so auch die Sozialisation (Erziehung, Vergesellschaftung); und wie die Sozialisation, so auch das Individuum. Da das Ensemble der gesellschaftlichen Verhältnisse die Ausbeutung der Arbeitskraft, also der Kreativität des Menschen beinhaltet, so ist der sozialisierte Mensch sich selbst weitgehend entfremdet, ein »Teil« von ihm wird zur Ware, d. h. auch zum Ding, zu etwas Fremdem. Für K. *Marx* ist der Mensch das reale Sein und also – er sagt dies ausdrücklich – Subjekt, nicht Objekt. Er ist das wirklich Seiende. Nur darf dieses Seiende nicht zu einem Mittel für ein angeblich absolut Seiendes gemacht werden: es ist selbst Subjekt, es darf nicht idealistisch von seinem Wesen getrennt werden, und das Wesen des Menschen ist eben das Gesamt seiner gesellschaftlichen Verhältnisse. Daher beansprucht *Marx* für den Menschen Selbständigkeit, Unabhängigkeit von der Gnade eines anderen Menschen oder von einer Klasse von Menschen. Wirtschaftliche Abhängigkeit macht die Kreativität des Menschen zu einem Werkzeug, der Arbeitslohn »hat daher ganz denselben Sinn wie die Unterhaltung, Instandsetzung jedes anderen produktiven Instruments«, ähnlich »wie das Öl, welches an die Räder verwandt wird, um sie in Bewegung zu halten«. An einer anderen Stelle schreibt *Marx:* »Wenn der Seidenwurm spänne, um seine Existenz als Raupe zu fristen, so wäre er ein vollständiger Lohnarbeiter.« Die Arbeitskraft des Menschen ist die »eigene Lebenstätigkeit, die eigene Lebensäußerung«. Die Entfremdung besteht darin, daß die eigene Lebensäußerung veräußert wird, die Lebenstätigkeit verdinglicht.

Nun trifft die Entfremdung nicht nur die unmittelbaren wirtschaftlichen Verhältnisse der Menschen (»Arbeitsgeber und Arbeitsnehmer«, wie man heute prüde sagt), sondern, da hier die Lebensäußerung selbst verkauft und das wirkliche Subjekt verdinglicht wird, durchzieht die Entfremdung alle Lebensbereiche wie Liebe, Freundschaft, Familienverhältnisse. Nichts bleibt von der Entfremdung verschont, und auch die entfremdeten familiären Verhältnisse werden dem Kind von Anfang an, ja schon vor der Geburt weitergegeben: nicht in irgendeiner bildlichen Weise, sondern einfach durch die Beschaffung entfremdeter Kommunikation.

Es ist also nicht übertrieben, von einem »entfremdeten Bewußtsein« des Menschen zu sprechen: das Bewußtsein unterliegt der gesellschaftlichen Entfremdung und verfällt zum Teil der Verdrängung und der Tabuierung der Wirklichkeit, die der Entfremdung zuwiderlaufen könnte. So gesehen sind die psychischen Störungen, die nicht direkt den Gehirnschäden entspringen, viel weniger »krankhafte Prozesse« als eine entfremdete Praxis der Menschen in einer entfremdeten Gesellschaftsstruktur (Laing). So, wie man seit einiger Zeit von der »Rehabilitation« des psychiatrischen Patienten spricht, so soll man auch die »Rehabilitation« der Psychiatrie selbst versuchen (Heimo Gastager in der gleichen Reihe »psychologisch gesehen«).

Die Änderung der Gesellschaftsstrukturen könnte viele psychische Störungen verändern, ja diese ausmerzen. Jedoch hat Freud, pessimistischer als Marx, sich oft gefragt, ob die Verdrängung nicht mit jeder Form der Kultur zusammenhänge, da die Kultur gewisse Triebansprüche unbefriedigt lassen muß.

Wie dem auch sei, die Entfremdung, die der konkreten wirtschaftlichen Beschaffenheit der gesellschaftlichen Verhältnisse entspringt, neigt dazu, sich durch die Sozialisation zu reproduzieren und zu verewigen. Die Entfremdung in allen Bereichen des gesellschaftlichen Seins wird durch die grundlegende wirtschaftliche Entfremdung gespeist, besser gesagt: sie ist nur ein Aspekt der letzteren. Durch das entfremdete Individuum wird die grundlegende Entfremdung wiederum fortgesetzt, etwa nach folgendem Schema:

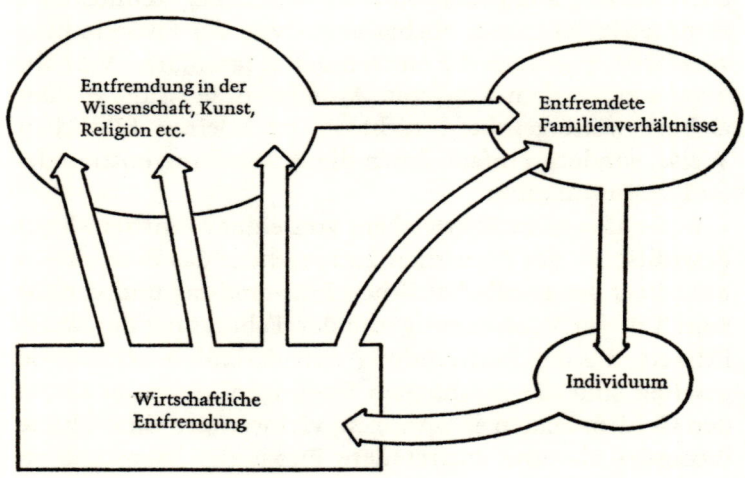

Die Eltern und andere Bezugspersonen erziehen das Kind vom ersten Augenblick seines Lebens an nach ihrer Vorstellung der Erziehung; allein diese ist nicht rational. Zum Großteil wird sie aus Kompensation von Enttäuschungen, von Entschädigungen für das Zu-kurz-gekommen-Sein bestehen – und das auf dem Rücken des Kindes. Sie wird auch vom erwachsenen Über-Ich bestimmt, das im allgemeinen unerbittlicher ist als das erwachsene Leben (mit seinen Kompromissen) selbst: *Freud* bemerkte, daß nicht so sehr die moralischen Eigenschaften der Eltern als ihr Über-Ich weitergegeben werden. So werden die Erwachsenen ihren Narzißmus in der Erziehung wirksam sein lassen. Die Mutter wird von Anfang an ihre erotischen Enttäuschungen oder ihre Befürchtungen vor dem Eros in die Erziehung des kindlichen Partners hineinbringen. In der praktischen Erziehung, insbesondere am Anfang derselben, wird nicht so sehr die Eigenständigkeit der Person des Erzogenen berücksichtigt als vielmehr Trost oder Ersatz für den Erzieher nach den Maßstäben seines narzißtischen Ich-Ideals. Auch wird der Erzogene, nach dem Ausmaß der Schuldgefühle des Erziehers, Gegenstand der Strenge sein. Dazu sahen wir genug Beispiele in den ersten beiden Kapiteln. So kann man auch bei der immer kleineren Bedeutung, die der Familie zukommt, die Mittlerschaft der Familie zwischen der gesellschaftlichen Entfremdung und dem Kind nicht hoch genug einschätzen. In der Familie oder in ihrem Ersatz beginnt die soziale Praxis des Erzogenen, und das seit dem ersten Augenblick seines Daseins. Die Mediatisierung der Person durch die Familie im Rahmen der allgemeinen Entfremdung wurde in der letzten Zeit oft und gerne untersucht. So sprechen Ronald D. *Laing* und Aaron *Esterson* von »Wahnsinn und Familie« als von einer wechselwirkenden Partnerschaft. H. und S. *Gastager* sprechen dabei von einer »Fassadenfamilie«, die in ihren Funktionen versagt. Man fragt sich allerdings, wie die Familie nicht versagen kann, nachdem sie selbst den Druck der allgemeinen Entfremdung verspürt.

Das Problem Nr. 1 des Subjekts und die Entfremdung

Würde man jedoch versuchen, das private Elend des Subjekts restlos auf die sozialökonomische Basis zurückzuführen, so würde man unzählige und praktisch höchst bedeutende Verbindungsglieder der Vermittlungskette unberücksichtigt lassen. Gerade auf diese vernachlässigten Glieder kommt es für die Lösung des oben genannten Problems Nr. 1 an. Die größte Schwierigkeit liegt dabei darin, daß die meisten dieser Glieder nicht unmittelbar bewußt zu machen sind: sie sind unbekannt, ungelebt oder verdrängt. Wenn eine unglückliche Kindheit oder eine unglückliche Ehe oder einfach der depressive bzw. schizoide »Charakter« eines Menschen in allerletzter Betrachtung durch den Zustand der Gesellschaft bedingt sind, so liegen doch zwischen diesem gesellschaftlichen Zustand und seiner gesellschaftlich notwendigen Veränderung auf der einen Seite und dem Problem Nr. 1 des Patienten – seinem Leiden – auf der anderen Seite zahllose Bindeglieder und Verästelungen. Letztere bedingen eine persönliche Entfremdung, wiewohl sie rückwärts zu einer allgemeinen Entfremdung auf gesellschaftlicher Basis führen. Bleibt man aber bei der Analyse dessen, was letztendlich die allgemeine Ursache sein soll, so hilft man in der Lösung des Problems Nr. 1 im Subjekt mitnichten. Das Subjekt kann höchstens das Vorhandensein der gesamten Verflechtung rational einsehen, nicht aber in unmittelbarer emotionaler Evidenz, wenigstens nicht in direkter Verbindung zu seinem Problem Nr. 1. Natürlich handelt es sich hierbei um eine private »Dringlichkeitshierarchie«. Und doch ist dieses »Private« für das Subjekt so dringlich, so lebenswichtig, daß es seine Offenheit zum Gesellschaftlichen zudeckt. Es hilft ihm auch nichts, daß sein Problem Nr. 1 innerhalb der Gesellschaft lediglich ein Problemchen mit einer neunstelligen Zahl hinter dem Komma ist. Sein subjektives Erleben der Geschichte ist nun einmal gestört (und zwar gerade durch die allgemeinen geschichtlich-sozialen Umstände), ja mitunter unlebbar.

Mehr als das: die Kausalkette, wie sie gesehen wird, stimmt mit der biographischen Kausalkette nicht überein. Die unglückliche Kindheit mit allen ihren Folgen bis zu dem Todestag wird von dem Betroffenen primär als persönliches Elend erlebt; höchstens sekundär kann sie nachträglich als Teil eines vielseitigen gesellschaftlichen Elends begriffen werden. Hier möchte ich wieder ein Bild erwähnen. Auch der unterernährte Säugling, der an der leeren Brust der hungerkranken Mutter liegt, wird seinen ungestillten Hunger nicht als ökonomisches Problem erleben (was es in der Tat ist), sondern als ein subjektiv-emotionales Problem der gestörten Kommunikation von seiten des frustrierenden Erwachsenen. Natürlich ist es ein ökonomisches Problem, daß die Brüste der Mutter vor Hunger ausdörren! Sollte aber der Säugling überleben und – darin liegt allerdings ein neues gesellschaftliches Problem – einen gewissen Wohlstand erwerben, so wird er seine längst im Unbewußten versunkenen Erlebnisse als Mangel an Liebe empfinden und als Niedergang seines Urvertrauens zu den Mitmenschen. Um die Säuglinge zu sättigen und um die Brüste der Mütter wieder mit Milch zu füllen, braucht man, weiß Gott, keine Psychoanalytiker. Dazu braucht man etwas anderes, was mit Psychoanalyse nicht das geringste zu tun hat. Um aber die subjektiven Vermittlungen des allgemeinen Elends bei einem Menschen, der unter einem privaten Elend leidet, evident zu machen, muß man eben seine private Biographie mit deren eigentümlichen Kommunikationsstörungen erhellen. Und sollte eine wohlhabende Mutter aus »psychogenen« (d. h. seelisch bedingten) Ursachen keine Milch haben, dann wäre die Vermittlung des privaten Elends und die Erhellung desselben noch mehr verästelt. Sollte man auf diese Erhellung verzichten und dem Leidenden statt dessen eine »verkürzte« Verbindung zu dem allgemeinen Elend als letztendliche Ursache ohne vermittelnde Ursachen beibringen? Dann würde er vielleicht an einer kollektiven, möglicherweise notwendigen Aktion zwar teilnehmen, aber darin bloß die Kompensation seines neurotischen Privatelends suchen. Dadurch wäre er für die Aufnahme der letztendlichen Ursachen nicht wirklich frei und würde seine privaten Fehlhaltungen in eben diese Aktionen hereinbringen. Die subjektiven Sorgen – das Problem

Nr. 1 – eines Neurotikers können von höherer Warte her als »idealistisch«, »subjektivistisch« oder ähnlich abgeurteilt werden. Die meisten unserer Privatsorgen unterscheiden sich allerdings nicht wesentlich von dem neurotischen Problem Nr. 1. Wir können sogar die Nichtigkeit dieser Sorgen rational beurteilen; Tatsache ist aber, daß wir durch diese Sorgen oft genug von unseren sozialen Kontakten in der Arbeit, in der Liebe, in der menschlichen Solidarität zutiefst behindert sind. Wenn man uns eine umgreifende Erklärung über das Entstehen solcher Sorgen aus dem übergeordneten Gebiet der Gesellschaftslehre bietet, so können wir bestenfalls unser Problem Nr. 1 einige Zeit unterdrücken, indem wir rational zur Kenntnis nehmen, daß das Weltproblem Nr. 1 – das der radikalen Veränderung der Gesellschaftsstruktur – ein viel umfassenderes ist. Für die Lösung des Problems aber wird ein noch größerer Widerstand entstehen und unsere gesellschaftliche Aktion entweder lähmen oder aber diese nur dadurch erlauben und fördern, daß wir unbewußte Verbindungswege zwischen der gesellschaftlichen Aktion und dem neurotischen Problem beschreiten. Gesellschaftliche Aktion wird hier keine Medizin gegen die Neurose sein, sondern (wenigstens für das Subjekt) zu einer umgreifenden Neurose werden.

Dies ist kein Argument gegen gesellschaftliche Aufklärung, vielmehr ein Argument gegen das lauernde Mißverständnis der gesellschaftlichen Aufklärung. Das Problem stellt sich hier nicht wesentlich anders als bei einer voreiligen rationalistischen tiefenpsychologischen Aufklärung ohne Rücksicht auf die tatsächliche Einsicht der entwicklungsmäßigen Bindeglieder unseres psychischen Problems. Solche umgreifenden Erklärungen aus dem übergeordneten Gebiet selbst der Psychoanalyse würden, wie jeder Psychoanalytiker weiß, ebenso zu einem noch größeren Widerstand führen: ein nicht erlebtes und erfahrenes »Wissen« wird die gelebten Zusammenhänge ersetzen.

Allein gilt das nur für das allgemeine, gleichsam abstrakte Verständnis der Verhältnisse. Bin ich in den Verhältnissen so verstrickt, daß die Bindeglieder meiner eigenen Vermittlung ins Unbewußte verdrängt sind (falls sie überhaupt zur Gänze überschaubar wären!) und einen subjektiven Stellenwert für mich besitzen, welcher nicht durch rationale Relativierung zu erreichen ist, dann muß man, wohl oder übel, auf die Bedingtheit des subjektiven Bewußtseins zurückgreifen, denn gerade das subjektive Bewußtsein ist ein »falsches« und der objektiven Realität auf einer ihm eigenen Art entfremdet.

Bedrängnis des privatisierenden Ich und Lösungsversuche

Am Anfang dieses Kapitels wies ich auf die Ich-Zentriertheit unserer Kultur hin, wie sie durch ihre Herrschaftsstruktur gekennzeichnet ist. Reaktionen auf diese Zentriertheit sind indessen zahlreich und kraftvoll.

Es gilt bei manchem Zeitgenossen als unwiderlegbare Grundlage, daß die zugleich theoretische und praktische Gesellschaftskritik, die uns *Marx* lieferte, in ihren Grundzügen nicht mehr zu überholen ist. Die von *Marx* vollbrachte Wende von der Vollendung des deutschen Idealismus (G. F. W. *Hegel*) zu einer kritischen Methode des dialektischen Materialismus ist in der Tat auf dem Gebiete der Gesellschaftslehre nur mit der kopernikanischen Wende in der Weltschau zu vergleichen. Dies bedeutet selbstverständlich nicht, daß eine totale und unfehlbare Offenbarung uns eben in der Mitte des 19. Jahrhunderts zuteil geworden ist. Natürlich ist auch *Marx* zu »überholen« – aus seiner eigenen Methode heraus. Wieviel mehr gilt das auch für die Epigonen! Allzuoft grenzt der Wille, die Gesellschaft nach den Grundprinzipien *Marx'* zu verändern, an religiösen Glauben. Alles Wissen wird dann an einer Formel gemessen und beurteilt; dies verursacht die Gefahr, daß Gläubigkeit für Wissen gehalten wird.

Der dialektische Materialismus jedoch als umfassende Methode zur Erhellung und zur Veränderung der gesellschaftlichen Zusammenhänge kann freilich viel eher einen übergeordneten Rahmen für die Psychoanalyse abgeben, als umgekehrt. Mit der pauschalen Leugnung der Psychoanalyse durch den Vulgärmarxismus, aber auch mit der Unterordnung des historischen Materialismus unter rein psychologische Einsichten ist selbstredend nichts Positives erreicht.

In diesem Zusammenhang, da ich mich vornehmlich auf dem Gebiet des sich erlebenden Subjekts bewege, konnte ich die Erfahrung machen, daß z. B. manche Studenten der klinischen Psychologie dazu neigten, durch theoretische Rationalisierungen und durch das ausschließliche Interesse an allgemeinen gesellschaftlichen Gesetzmäßigkeiten bis zu den Grenzen des wissenschaftlichen Ökonomismus (alleinige Betrachtung ökonomischer Aspekte) zu gelangen, das Subjekt auszuklammern und dasselbe in Wirklichkeit zu »verdünnen«. In den höheren Semestern verursachte dann manchmal eine solche geistige Haltung, die als dogmatisch zu bezeichnen ist, eine durch die Methode nicht zulässige Kluft zwischen Theorie und Praxis. Ich bin der Meinung, daß allgemein gehaltene Kritik auf nur ökonomischer Basis, so überzeugend sie auch ist, sich nicht in einem Warten des viel besprochenen Sprunges aus dem Reiche der Notwendigkeit ins Reich der Freiheit erschöpfen darf. Jetzt und hier muß mit der Praxis angefangen werden, auch mit der Praxis am sekundär entfremdeten Subjekt, des Gemütskranken, dessen eben sekundäre Entfremdung sich nicht unmittelbar und ohne Zäsur aus der allgemeinen Entfremdung ergibt.

Die Einsamkeit – auch ein Charakteristikum der narzißtischen »Geisteskrankheiten« – befällt keineswegs nur alte Leute, sondern noch virulenter die junge Generation mit ihren »Kontaktschwierigkeiten«. Man fühlt sofort: die Ursache eines solchen Phänomens ist notwendigerweise gesellschaftlich bedingt; allein befällt die Einsamkeit Individuen. Wir sehen also, daß auch wissenschaftliche und nüchterne Versuche, das Ich des leidenden Subjekts im Kollektiv aufzuheben, am Mangel einer zufriedenstellenden Subjekttheorie scheitern, so man nicht gewillt ist, als solche die Psychoanalyse, trotz ihrer offenkundigen Schwächen zu betrachten.

Die sogenannten »Freudo-Marxisten« wurden von rechtgläubigen Freudianern wie von rechtgläubigen Marxisten schlecht behandelt und ungenügend beachtet. Ihr Schicksal war es, zwischen dem Sessel des Psychoanalytikers und dem Pult des marxistischen Redners auf dem Boden sitzen zu bleiben. Dieses Versagen (Versagen nicht so sehr von seiten der Freudo-Marxisten als von seiten der beiden Orthodoxien) bezahlen noch viele Klienten der Psychoanalyse dadurch, daß sie durch konservative Psychoanalytiker zu einer problemlosen Anpassung an die Herrschaftsstruktur dressiert werden. Wenn der Unternehmer ein Widerschein der Vaterfigur ist, und das ist er auch, dann wird von einem konservativen Psychoanalytiker der »bequeme« Weg eingeschlagen; nämlich das Problem des Unternehmers, gemeinsam mit dem Vaterproblem, wegzuanalysieren. Der richtige Weg wäre, zu erforschen, inwiefern und vermittels welcher Symbole das subjektiv erlebte Vaterproblem mit den objektiven Verhältnissen der Macht zusammenhängt. Wirksame Ursachen einer früh stattgefundenen Prägung erklären nicht restlos einen aktuellen Konflikt. Letzterer mobilisiert zwar vergangene Themata, aber er müßte nicht stattfinden, er ist mindestens zu einem Teil durch die gegenwärtigen Umstände hervorgerufen (z. B. durch die gesellschaftliche Väterherrschaft); diese gegenwärtigen Umstände dürften eben nicht menschenunwürdig und menschenfeindlich sein.

Ähnliche Unzulänglichkeit kennzeichnet manche, sogar streng psychoanalytische Gruppentherapien, worin sich zwar das Subjekt aufgehoben fühlt, worin aber auch die

Mittlerschaft zwischen der kleinen Gruppe und der umrahmenden Gesellschaft weder erhellt noch sogar erahnt wird.

Es ist mir klar, daß die Psychoanalyse und aus ihr entstandene Therapien Produkte des Kapitalismus sind. Produkte, die die Faktoren ihres Entstehens nicht einfach reproduzieren, sondern Neues ergeben. Ist nicht auch die Arbeiterbewegung ein Produkt des Kapitalismus?

Auf der anderen Seite bedeutet die Entzifferung des psychologischen Wunsches noch keineswegs eine Reduktion auf eine rein psychoanalytische Betrachtung. Auch der Marxismus hätte Interesse an der Feststellung einer Genealogie (Entstehungs- und Vermittlungsgeschichte) des Wunsches, um ihn näher den Objekten zuzuführen, die mit dem Objekt des primären Bedürfnisses zusammenfallen. Das Problem der Verdrängung, des »falschen Bewußtseins« nimmt eine zentrale Stelle ein, will man menschliche Bedürfnisse befriedigen und jene Wünsche, die der Versagung derselben entspringen, auf ihre Wichtigkeit hinterfragen. Ist nicht die Revolution selbst die Explosion eines kollektiven Wunsches, aus der Unterdrückung der gesellschaftlichen Bedürfnisse entstanden? Der Trieb ist freilich keine psychologische Kategorie allein, er treibt die Gattung; doch folgt daraus auch umgekehrt, daß eine Triebpsychologie keine »zweite Psychologie« ist, sondern daß sie die triebhaften Mechanismen der Gattung erhellt.

Hier könnte und sollte eine materialistisch-dialektische Theorie des Subjekts von befruchtender Bedeutung für die Psychoanalyse sein. Nicht ganz zu unrecht wird allenthalben die Psychoanalyse selbst als eine solche »kritische Theorie des Subjekts« angesehen. Die Pschoanalyse braucht jedoch noch Impulse von einem schöpferischen Marxismus, um die in ihr enthaltene »Dialektik der Psyche« in einem transzendentalen Konnex der gesellschaftlichen Theorie und Praxis aufzuheben. Dogmatisch sterilisierte Polemiken haben sowohl der Theorie des Subjekts als auch der Praxis seiner Vergesellschaftung nur Schaden eingebracht. Unreife »Synthesen« zwischen Marxismus und Psychoanalyse allerdings können diesen Schaden nicht beheben. Doch der Weg zur Synthese ist immer durch irgendeinen seiner Aspekte »unreif«, sonst gäbe es auch keinen Widerspruch, der zur Bildung der Synthese führt. Daher sollen wir allen Denkern und Praktikern dankbar sein, die solcher Synthese nachstreben.

In letzter Zeit werden solche Synthesen von manchen Autoren wenigstens vorbereitet. Dabei komm es, ob absichtlich oder nicht, zur Wiederbelebung eines erneuerten Freudo-Marxismus. Oftmals ist die Terminologie der Autoren eine eigene und muß von anderen Terminologien unterschieden werden, wenn man den Gedankengang richtig verstehen will.

So unterscheidet neuerdings Lucien *Sève* zwischen der konkreten Persönlichkeit des gesellschaftlichen Seins und der abstrakten Persönlichkeit, deren soziale Entfremdung von innen betrachtet als zu seiner Psychologie gehörend angesehen wird. Nun werden die Regelungen der Person nicht durch unmittelbare Verwirklichung der gesellschaftlichen Institutionen und Werte herausgebildet, sondern wie oben schon erwähnt, durch deren Aneignung von der psychologischen Grundlage der abstrakten Persönlichkeit im Sinne *Sèves*. Die vermittelten Verhältnisse werden durch die Widersprüche des Individuums reproduziert und stellen die Widerspiegelung der Widersprüche dar zwischen der konkreten gesellschaftlichen Persönlichkeit und der abstrakten entfremdeten Persönlichkeit, zwischen Selbstbetätigung und entfremdeter Arbeit, d. h. in letzter Instanz bezogen auch selbst auf die Klassenwidersprüche (ders.).

Wir sahen tatsächlich, daß die mechanische und seelenlose Innenwelt des autistischen Kindes die äußeren Verhältnisse einer entmenschlichten, verdinglichten Welt reproduziert. Die narzißtische Charakterstruktur, die im Extremfall psychotisch wird, gedeiht wohl in einem Verhältnis, das eine solche Struktur vorbildlich vorgibt. Man soll sich aber hier vor voreiligen Schlüssen in acht nehmen. So meint etwa Michael *Schneider* irrtümlicherweise, daß eine solche Struktur »in einer Klasse« gedeiht und meint dabei wohl die Ausbeuterklasse. Indessen, gerade weil sie vermittelte Katastrophen sind, sind autistische Psychosen in der Arbeiterklasse prozentuell nicht weniger häufig, sondern eher häufiger, als in den herrschenden Klassen. Ansonsten hat *Schneider* nicht unrecht, wenn er meint, daß das narzißtisch entstrukturierte Ich oder sogar das Vor-Ich totale Besitzverhältnisse reproduziert, worin der Mensch zur Ware wird und worin die Kompensation dieser totalen Verdinglichung auf dem Wege einer abgekapselten Privatwelt geschieht. Diese ist im Zusammenhang mit der sozialen Ohnmacht des Individuums zu sehen, die es den gesellschaftlichen Verhältnissen gegenüber empfindet, deren Geschöpfe es bleibt, so sehr es sich auch freizumachen versucht (L. *Sève*). Die soziale Ohnmacht wird als psychologische Ohnmacht reproduziert und, so lange die soziale Ohnmacht nicht aufgehoben ist, muß mitunter die »Arbeit an dem Menschen« mit der Einsicht in die eigenartig reproduzierte psychologische Ohnmacht beginnen.

Gruppenrezepte für das bedrängte Ich

Nachdem ich hier die recht komplizierte Problematik der Entmystifizierung (Bewußtmachen der Täuschungen) des Ichs durch die Psychoanalyse (auch in deren Beziehungen zum Marxismus) – notgedrungen verkürzt – skizziert habe, will ich mich kurz anderen Versuchen zuwenden, die die Aufhebung des Ich oder gar die »Sprengung des Ich« intendieren. Mit diesen Versuchen ist es meines Erachtens viel schlechter bestellt als mit der Psychoanalyse, insbesondere mit der sozial ausgerichteten Psychoanalyse. Ein solcher Versuch ist heutzutage unter anderem die Flucht in die Droge – der durchaus nicht mit moralischer Verurteilung zu begegnen ist. Hier wird allerdings die Negation der Gesellschaftsform kurzschlüssig mit gefährlichen Manipulationen am eigenen Ich gekoppelt. In der ebenso irrationalen Jesus-Bewegung wurden solche Manipulationen aus der Überlieferung zwar herübergerettet, um jedoch eine drogenähnliche Abhängigkeit (im allgemeinen für recht kurze Zeit) hervorzubringen. Die »Bewegung« der seinerzeit nackt herumlaufenden »Streakers« griff von den Vereinigten Staaten nach Europa über; vielleicht handelte es sich dabei nicht nur um einen Studentenulk, sondern auch um einen Protest gegen die gesellschaftlichen Normen, gepaart mit einer Sehnsucht nach paradiesischen Zuständen.

Nicht unbedenklich ist manchmal die Situation auf der Seite der sich als wissenschaftlich verstehenden Gruppentechniken. Ursprünglich wurde hauptsächlich an psychoanalytische Gruppen gedacht, also an solche Gruppen, worin die Einsicht durch Analyse des Widerstandes und der Übertragung stattfindet; ihre spezifische Struktur und Führungstechnik wurde in echter Pionierarbeit von Raoul *Schindler* in den fünfziger Jahren umrissen. Schon damals wurde allerdings eine Frage gestellt, die noch ihrer Lösung harrt: inwiefern dient die Einsicht in die relevanten Störungen der Kommunikationsfähigkeit eines Teilnehmers dazu, seine Lage in der umrahmenden Großgesellschaft klar zu erkennen? Der Schritt wurde bald vollzogen, die nicht voll erschlossene Theorie der analytischen Einsicht in der Gruppe durch Ahnungen und Vermutungen über kollektive Verhaltensmodifikation und dergleichen mehr zu ersetzen. Seit etwa fünfzehn Jahren erlebt die Übung in Gruppendynamik nie dagewesene Verbreitung und gesellschaftlichen Erfolg. Es sind wenig Untersuchungen vorhanden, ob dieser gesellschaftliche Erfolg mit irgendeinem therapeutischen und sozialen Erfolg objektiv oder auch nur subjektiv korreliert. Vielmehr entsteht der Eindruck, daß die zwar entdeckte aber nicht hinlänglich untersuchte Wirksamkeit der Gruppendynamik hier und dort zu einer

Gruppensucht wird – nicht unähnlich der oben erwähnten Drogensucht und religiösen Erweckung. Die Gruppendynamik verursacht starke und manchmal befreiend wirkende Emotionen, deren irrationaler Charakter an sich weder gut noch schlecht ist, aber einer kritischen Einreihung in die lebensgeschichtliche und sozialpsychologische Lage der Teilnehmer bedürfte. Mit anderen Worten: daß jede Gruppenübung eine im allgemeinen starke Wirkung hat, wirft erst recht die Frage danach auf, welche Erkenntnis und welche weiterführende Ordnung diese Wirkung besitzt. Wer wird durch die Gruppe und mit welchen sozialpsychologischen Mitteln für welche Aufgabe in welcher Gesellschaft vorbereitet? Die vorläufige Blüte der Gruppentechniken erlaubt noch keine Antwort auf diese Fragen, da viele Gruppenfachleute mehr damit beschäftigt sind, die schillernden und nicht immer übersichtlichen Gruppentechniken entweder in der Hand zu behalten oder sie im Gegenteil grenzenlos zu erweitern. Echt kritische Arbeiten sind trotz Mannigfaltigkeit der Literatur selten. Daß das Ich dank der zahlreichen Gruppentechniken mit anderen kommuniziert und sich dadurch verändert, ist unbestritten. Doch wird teilweise die Veränderung des Ich in eine unbekannte Richtung als Selbstziel unternommen – aus dem Unbehagen heraus, das das Ich sich selbst verursacht. Dabei wird zum einen nicht genug bedacht, daß die Vermehrung der »Binnenkontakte« (zwischen Angehörigen einer Gruppe) zu einer Verminderung der »Außenkontakte« und zur wachsenden Aggression nach außen hin führen kann (G. C. *Homan*). Zum anderen sollten sich die Therapeuten ernstlich fragen, welche motivierende Rolle die Möglichkeit eines mehrfachen Verdienstes im Vergleich zur Individualtherapie bei Anwendung der Gruppentherapie spielt. Diese letzte Bemerkung hat nichts mit Verleumdung, aber viel mit echter Sorge um die gesellschaftliche Bedeutung der Gruppe zu tun.

Über die Fragwürdigkeit »allgemeiner« Erklärungen für

ein je individuelles Problem wurde schon oben im Abschnitt über primäre und sekundäre Entfremdung einiges gesagt; nicht Unähnliches kann für nicht-psychoanalytische Kleingruppen gelten. Das Unbehagen des Ichs an sich selbst nährt das Entstehen von Ideologien, von mystischem oder säkularisiertem Dogmatismus und kurzschlüssiger Hektik. Die Unzufriedenheit mit seiner eigenen Ich-Bezogenheit bei Unklarheit darüber, wie entwickelt das eigene Ich ist, führt zu dem Anlehnungsbedürfnis an Sekten religiöser und pseudoreligiöser Art, worin das Ich sich bestätigt fühlt und zugleich im Kollektiv aufgehoben wähnt.

Kapitel IV
WIEDERHOLUNG UND STRUKTUR

Wiederholungszwang und Entwicklung

Die Lebensgeschichte ist durch unzählige Erfahrungen reichlich, ja unübersehbar »überdeterminiert« (S. *Freud*). Diese Erfahrungen wurzeln in den allerersten Empfindungen des narzißtischen Stadiums, sogar in seinem pränatalen Beginn. Eine geradezu erstaunliche Arbeit an Assimilation der Welt wird vom Anbeginn des Narzißmus bis zu den späteren Prägungsphasen geleistet. Bis zu einem hohen Grad widersprechen sich die Erfahrungen, erzeugen Konflikte oder heben sich gegenseitig auf. Die Erfahrungen der Welt werden allmählich der »Realitätsprüfung« *(Freud)* unterzogen und, um diese Realitätsprüfung halbwegs zu bestehen, braucht der Mensch ein »Urvertrauen« *(Erikson)* zur Welt, das er eben nur durch eine ungestörte narzißtische Phase gewinnen kann. Die Realität ist ein strenger Meister und der Mensch, der nicht durch die Urerfahrung zu sehr gestört ist, lernt allmählich, sich dieser Welt aktiv anzupassen.

Falls dem Subjekt die Aktivität nicht durch die ersten Prägungen weggenommen oder gehemmt wurde, ist die Anpassung kreativ, d. h., daß durch sie das Individuum selbst aber auch die Welt sich verändern wird. Da der lebende Organismus die Herstellung des Gleichgewichtes unter Vermeidung der Unlust anstrebt, wird ihm die Außenwelt – insbesondere in ihren krisenhaften Punkten – schwer zu akzeptieren sein. Auf der anderen Seite muß, gerade um ein relatives Gleichgewicht zu wahren, das Individuum die Außenwelt akzeptieren, ohne gleich zusammenzubrechen und ohne gleich in die Regression zurückzufallen. Die Akzeptierung der Außenwelt oder, besser gesagt, die aktive Anpassung an dieselbe, widerspricht also bis zu einem gewissen Grad der Urerfahrung der Homöostase und bringt unvermeidliche Unlust. Dieses schwierige Verhältnis zur Außenwelt (schwierig insofern, als diese neue Reize und Unlusterlebnisse erzeugt) wird durch verschiedene Abwehrmechanismen erleichtert, so daß die Abwehrmechanismen gegen die Unlust auch Austauschkanäle oder Austauschmechanismen genannt werden können. Nehmen wir z. B. den Abwehrmechanismus, den Anna *Freud* »Identifizierung mit dem Angreifer« genannt hat. Um die Unlust zu meistern, die durch das Angreifen der Außenwelt in das Gleichgewicht des Individuums darstellt, muß letzteres diesen »Angreifer« ernst nehmen und nicht nur fürchten oder dabei in die Regression flüchten: es kann die Situation durch Identifizierung entschärfen und auf diesem Wege begreifen, was eigentlich das Feindliche der Außenwelt ist, um es nach Möglichkeit zu korrigieren. Die Identifikation mit dem Angreifer ist also nur im Fall einer unüberwindlichen Schwierigkeit eine Beeinträchtigung des Individuums, sofern es die äußere Aggressivität verinnerlicht. Sie kann aber auch ein gesunder Abwehr- und Austauschmechanismus sein. Sie erzeugt Störungen, wenn das Individuum zu glauben gelernt hat, daß die Außenwelt schlechthin feindselig ist: das ist der Fall bei den schweren Neurosen und besonders bei den Psychosen. In Wirklichkeit sind die Erfahrungen der Außenwelt bei günstiger Urerfahrung so, daß alles in der Welt mehr oder minder ambivalent ist – die Außenwelt bedeutet die Quelle der freundlichen Zuwendung und daher des Überlebens, bietet aber auch durchaus feindliche Eigenschaften eines Angreifers durch Erzeugung der Unlust und der Enttäuschung.

An diesem Prozeß der aktiven Anpassung sehen wir wieder einmal die Wirksamkeit der früheren Prägung. Die Einsicht in die Ambivalenz der Außenwelt und in die Verinnerlichung derselben ergibt den eigentlichen Raum der menschlichen Freiheit. Nur auf diese Weise kann eine gewisse Wahlfähigkeit erhalten bleiben. Es bestätigt sich hier, daß die Freiheit Einsicht der Notwendigkeit ist und daß der Mensch die Freiheit nicht »hat«, sondern sie durch die Praxis »macht«.

Die Assimilation der Welt, sogar in ihrer optimalen Gestalt, ist also doppelgesichtig: auf der einen Seite ist sie Übertragung der früheren Erfahrungen auf die neue, auf der anderen Seite vollzieht sie sich immer durch eine Abwehr, die zum Austausch führt. Die Fortsetzung der Früherfahrungen in den neuen Erfahrungen ist notwendig, weil sie Ich-bildend ist und die Identität wahrt. Auf der anderen Seite bildet sie die Vorbedingung dessen, was *Freud* »Wiederholungszwang« genannt hat. Verständlicherweise beschrieb *Freud* vornehmlich den krankhaften, störenden Aspekt des Wiederholungszwanges in der Neurose und der Psychose. An der Beschreibung und Deutung pathologischer (krankhafter) Phänomene entsteht die eigentliche dynamische Psychologie des Menschen, weil die weniger auffallenden Entwicklungsmechanismen eben in den Erscheinungsformen gestörter Abläufe besser erkennbar werden. Von daher ist der Wortschatz und teilweise die Begriffswelt der Psychoanalyse scheinbar auf den »kranken« Menschen gemünzt. In Wirklichkeit hat *Freud* ein unsterbliches Verdienst gerade dadurch erworben, daß er zeigen konnte, daß die »krankhaften« Erscheinungen immer deutbar und interpretierbar sind. Vor noch nicht allzu langer Zeit vertrat die Psychiatrie einen gegenteiligen Standpunkt. Es galt als grundlegende Voraussetzung, daß die Welt des sogenannten »Geisteskranken« vom normalen Menschen nicht nachvollziehbar und nicht wirklich erkennbar sei. Das war eine äußerst gefährliche Resignation, weil bei aller Menschenfreundlichkeit dem Psychiater das Gefühl gegeben wurde, daß ihn nichts Menschliches mit dem Kranken verbindet; dadurch lernte er nicht den angeblich kranken Menschen sondern eine abstrakte »Krankheit« in diesem zu sehen.

In Wirklichkeit – das lernte die gegenwärtige Psychoanalyse klar zu erkennen – ist der Wiederholungszwang unvermeidlich und notwendig in jedem Leben. Jeder Mensch bildet seine Identität dadurch, daß er gewisse Reaktionsweisen immer wieder anbietet, daß er zumindest Gewohnheiten bildet und eine gewisse konstant bleibende Kulturtradierung akzeptiert und weitergibt. Im optimalen Fall wird die Starrheit, die mit diesem notwendigen Wiederholungszwang in Verbindung steht, durch die Übertragung korrigiert, wobei wichtig ist, Wiederholungszwang und Übertragung als zwei Seiten derselben Medaille zu sehen. Der Wiederholungszwang wird an der Übertragung bemerkbar und umgekehrt. Doch erlaubt die Übertragung eben die Erweiterung der Erfahrung, gleichsam die optimale Anwendung des Wiederholungszwanges auf neue Objekte. Sie erlaubt eben, wie oben vermerkt, die »Freiheit« inmitten des Zwanges.

Je weniger dieses dynamische Geschehen der Wiederholung und der Übertragung sich nur im Unbewußten vollzieht, je mehr es also durch Einsicht bewußt gemacht wird, um so mehr steigt die Befreiungsfähigkeit des Menschen. Kein Wunder also, daß das Bewußtmachen des Wiederholungszwanges und der Übertragung das eigentliche Ziel der psychoanalytischen Therapie in allen ihren Formen (klassische Einzeltherapie, aktive Therapie bei Psychotikern und Kindern, psychoanalytische Gruppentherapie) ist. Besonders schwer zu erkennen und dennoch um so plastischer erkennbar ist dieser Prozeß des Bewußtmachens in der klassischen Form der Psychoanalyse. Die Übertragung früherer Affekte auf den Analytiker ist hier unbedingt notwendig; sie gehört also scheinbar in den Bereich des Wiederholungszwanges, der übrigens den Patienten immer dazu verleitet, »zu agieren statt zu erinnern« (*Freud*). Das Agieren aber gehört völlig in den Bereich des Wiederholungszwanges und soll in der klassischen Form der Psychoanalyse möglichst überwunden und statt dessen begrifflich analysiert werden. Diese Forderung der Psychoanalyse wird oft mißverstanden oder überhaupt nicht verstanden. Sie beruht auf der therapeutischen Erfahrung, daß, solange die Außenwelt nicht fast in ihrer Totalität geleugnet wird, es zu erreichen notwendig ist, daß der Patient die inadäquaten Aspekte seines Wiederholungszwanges, die ihn fortwährend zu einem unzweckmäßigen Handeln gegenüber den Mitmenschen verleiten, einsieht. Er lernt dadurch, seine Übertragung auf den Analytiker zu korrigieren und die Person des Analytikers nicht mit starren Vorstellungen aus der Vergangenheit zu belegen. Wie wir früher gesehen haben, kann das Agieren, d. h. das aktive Handeln unter dem Erholungszwang, mit Erfolg erst dort angewandt werden, wo große Lücken im Kontakt zur Wirklichkeit bestehen und wo dieses wiederholte Handeln durch die wohlwollend akzeptierende Haltung des Therapeuten korrigiert wird.

Entwicklung der Strukturen

So hat die Theorie und die Praxis der Psychoanalyse uns allmählich gelehrt, daß das Erkennen der Außenwelt durch Widersprüche des Wiederholungszwanges und der Übertragung fortschreitet. Sie hat uns ferner bestätigt, daß die Welterkenntnis immer das Bewußtmachen der Praxis in dieser Welt bedeutet. Es ist also kein »Psychologismus« (darunter versteht man die unzulässige Verallgemeinerung der subjektiven Erkenntnisse in bezug auf gesellschaftliche Erscheinungen), wenn wir die Aufmerksamkeit auf die psychologische Grundlage jeglicher Erkenntnistheorie lenken.

An dieser Stelle ist Jean *Piaget* als Begründer einer genetischen Erkennungstheorie (d. h. einer solchen Theorie der Erkenntnis, die der subjektiven Entwicklung des Menschen Rechnung trägt) besonders zu erwähnen. Für *Piaget* ist »keine einzelne Logik stark genug, das Gesamtgebäude der menschlichen Erkenntnis zu tragen«. Dies aus dem Grunde, da der Formalisierung (d. h. der rationalen Ordnung) durch das menschliche Gehirn Grenzen gesetzt sind: Diese Grenzen stellen nicht nur Irrtümer und Denkfehler dar, sondern entsprechen einer Begrenzung der Erkenntniswirksamkeit in einem Entwicklungsstadium. Die spezifische Begrenzung der menschlichen Intelligenz während ihrer Entwicklung ist nicht von den konkreten Menschen getrennt zu betrachten. Es gibt die menschliche Intelligenz überhaupt nicht als »Sache«, die isolierbar wäre. Vielmehr ist die menschliche Intelligenz bei allen menschlichen Eigenschaften nur konkret in der historischen Entwicklung faßbar und nur künstlich als etwas Statisches, Gleichbleibendes zu isolieren. Eigentlich »wächst« die Intelligenz in einem Individuum nicht, wie die im übrigen durchaus wichtigen Intelligenztests uns den falschen Eindruck durch den Begriff des »Intelligenzalters« vermitteln. Ein normaler Zwanzigjähriger ist nicht »intelligenter« als der Säugling, der er vor neunzehneinhalb Jahren war. Er weiß mehr, zugegeben; er hat aber durch die Assimilation des Wissens eine ganz andere Organisation der Erkenntnis als früher, und nach weiteren zwanzig Jahren wird er wiederum eine andere haben. Es ist auch schwer zu bestimmen, ob ein alter Mann intelligenter ist als er es in der Jugend war. Auf der einen Seite hat die Lernfähigkeit seines Erkenntnisapparates gelitten, sie ist empfindungsschwächer und erstarrter als früher. Auf der anderen Seite hat er Erkenntnis gesammelt, die die Struktur seiner Intelligenz dergestalt verändert hat, daß er, falls keine allzu groben Schädigungen eingetreten sind, auch eindeutig erfahrener ist als der junge Mann, der er vor vierzig Jahren war. Die Franzosen sagen, und zwar nicht nur auf einem leichtsinnigen Hintergrund: »Wenn die Jugend wüßte! Wenn das Alter könnte!«

Die genetische Erkenntnistheorie hat ebenso mit der formalen Seite wie mit der Bedeutung von Erkenntnis zu tun. Nur vermittels bestimmter Leistungsfähigkeit, die entwicklungsbedingt ist, »geht der menschliche Geist von einem Zustand weniger befriedigender Erkenntnis zu einem Stand höherer Erkenntnis über« *(Piaget)*.

Es sind also verkürzte Erkenntnistheorien, die auf der einen Seite behaupten, daß eine Entdeckung nur für die Person, die sie macht, neu ist, aber in der Realität bereits vorhanden war. Oder auch die umgekehrt behaupten, daß die Erkenntnis aus einem kontinuierlichen Aufbau der Realität durch das Individuum hervorgeht. »In Wirklichkeit ist der Übergang von einer Entwicklungsstufe zur nächsten immer einer Bildung neuer Strukturen gleich, die vorher in dieser Form nicht existierten, weder in der äußeren Welt noch irgendwie im Innern des Subjekts. Der Motor dieser Bildung neuer Strukturen zwischen Individuum und Welt veranlaßt uns, globale Erklärungen einzuführen, die mit wiederholter Abstraktion und Selbstregulation zusammenhängen« *(Piaget)*.

Die Entwicklung des menschlichen Organismus, der als Einheit zwischen dem, was man Innerlichkeit oder Psyche nennt auf der einen Seite und der Außenwelt mit ihren Einflüssen auf der anderen Seite gesehen werden muß, geht durch die Gestaltung solcher neuer Strukturen durch. Zellen können dabei Erfahrung speichern und verfügen über ein entsprechendes »Gedächtnis«. Wir können sowohl bei Tieren als auch bei den Menschen richtige Lernvorgänge an bestimmten Zellen beobachten, die uns beweisen, daß die Organismen Erfahrungen verzeichnen, um sie zu gegebener Zeit sinnvoll zu reaktivieren (so der berühmte Pathologe Franz *Büchner*). »Diese Gedächtnisleistung organismischer Zellen vollzieht sich völlig unter der Schwelle unseres Bewußtseins« (ders). Es gibt Anhaltspunkte dafür, daß nicht nur dieses biologische oder sogenannte organismische Gedächtnis der Zellen, sondern auch das bewußte Gedächtnis in stofflichen Engrammen »verleiblicht wird« (ders.), so daß wir imstande sind, die erworbene Erfahrung in das Bewußtsein zu rufen und nicht nur über sie zu reflektieren.

So sind die neuen Strukturen, die die Entwicklung des Menschen (weil sie nicht nur für die Intelligenz gelten) bedingen, sowohl in der Entwicklungsfähigkeit des Individuums selbst, als auch in der gesellschaftlichen Wirksamkeit der Umwelt begründet, wobei die Umwelt des Menschen eigentlich die potentiell unbegrenzte menschliche Welt ist. So ist die Entfaltung der Strukturen auf der einen Seite auf die anfängliche und angeborene Struktur des Menschen aber auch auf die konkrete Auslösung und Prägung von seiten der Gesellschaft angewiesen.

Angeboren versus anerzogen?

Im alten Streit darüber, was dem Menschen angeboren ist und was anerzogen, ist selten eine zufriedenstellende Antwort gegeben worden. Psychiater und Neurologen weisen noch immer darauf hin, daß z. B. die großen Psychosen wie die Schizophrenie, die Melancholie und die Manie auf angeborenen biologischen Defekten beruhen. Indes sind die anatomischen Befunde nichtssagend; es ist nur hinlänglich belegt, daß die sogenannten Psychosen von spezifischen Störungen im Stoffwechsel begleitet werden. Diese Begleiterscheinungen beweisen aber keineswegs die angeborene Verursachung, da sie auch im Laufe der psychosomatischen Entwicklung erworben werden können; absolut reine »seelische« Verursachung kann im Organismus des Menschen nicht stattfinden, da der menschliche Organismus nicht in Seele und Körper zerfällt.

Oft wird die Frage nach Angeborenem bzw. Anerzogenem von vornherein falsch gestellt. Der Mensch ist bei seiner Geburt kein unbeschriebenes Blatt und verfügt über angeborene Dispositionen (Fähigkeiten, Anlagen). Die Dispositionen aber sind in ihrer Entfaltung oder Verkümmerung von der Sozalisation abhängig. Ohne Sozialisation kommt keine Disposition zur Geltung.

Der alte Streit, der mit logisch ungenügenden Argumenten geführt wird, findet seine Fortsetzung in dem neuen Streit, was im Menschen »Natur« und was »Kultur« ist. *Freud* selbst, als positivistischer Arzt der Jahrhundertwende, neigte eher dazu, von der Natur im Menschen zu sprechen; letztlich aber galt sein Interesse dem sozialisierten Menschen – er sah in unserer Kultur eine Notwendigkeit aber auch eine bittere Unterdrückung des Menschen. Er hielt an der Zerbrechlichkeit der kulturellen Überformung fest und neigte daher zum Kulturpessimismus. Besonders auffallend ist diese Einstellung *Freuds* bei seiner Auffassung der weiblichen Entwicklung. Ihre kulturelle »Minderwertigkeit« wollte er auf eine anatomische zurückführen. Sicherlich hat er dabei die kulturell-historischen und wirtschaftlichen Faktoren der weiblichen Rolle in unserer Kultur, zumal in der damaligen Zeit, vernachlässigt.

Die moderne Verhaltensforschung (Konrad *Lorenz,* Niko *Tinbergen,* Irenäus *Eibl-Eibesfeldt*) hat auf die Wirksamkeit bei allen Tierarten, den Menschen nicht ausgenommen, von den angeborenen Auslösermechanismen hingewiesen, die aber von selbst so gut wie nicht zur Geltung kommen und auf einen rechtzeitigen (beachten wir dieses »rechtzeitig«) Anstoß oder Auslöser von außen warten. Auch der Mensch ist nicht unabhängig von seinen angeborenen Auslösermechanismen. Allerdings ist der entscheidende Auslösermechanismus des Menschen gerade in seiner Bereitschaft gelegen, die Welt in fast unbegrenztem Ausmaß zu erkennen und danach zu handeln. Durch diese besondere angeborene Eigenschaft des Menschen, die aber auf entsprechende Sozialisation wartet, ist die Bedeutung anderer zahlreicher angeborener Auslöser vermindert und unsicher. Selten kann sich der Mensch auf seinen Instinkt verlassen, da seine Weltoffenheit die fast unfehlbare Wirksamkeit der Instinkte (so bei Tieren) in Frage stellt. Außerdem werden die Instinkte mannigfaltig durch das Lernen überdeckt und verformt, also gerade durch die Sozialisierung, so daß es fast nie zu reinen angeborenen Verhaltensmustern kommt, sondern zu einer Mischung zwischen Angeborenem und Anerzogenem. Carl Gustav *Jung* sprach von einem kollektiven Unbewußten und von mächtigen Vorstellungen, die im Unbewußten wirken und die er »Archetypen« nannte. Ich bin überzeugt, daß die *Jung*schen »Archetypen« allgemeine menschliche (oder wenigstens manchen Kulturen entsprechende) Vorstellungsbilder sind, die den angeborenen Auslösern entsprechen. Der Mensch stellt sich nämlich in symbolischer Form das, was sein Verhalten bestimmt, vor. So kann man auch gewisse von *Freud* entdeckte Prozesse durchaus in dieser Perspektive sehen – z. B. den Ödipuskomplex.

Die angeborenen Auslöser sind gleichsam biologische Reste und sind von relativ geringer Bedeutung für das menschliche Schicksal, das auf das Überschreiten der jeweiligen Form des Angeborenen angelegt ist. Mit Leo *Kofler* können wir annehmen, daß die spezifisch menschliche Welt ihm, dem Menschen, nicht vorwiegend instinktiv gegeben ist, sondern über den durch Prägung und im Lernprozeß gebildeten Sozialisationsbegriff – dieser entscheidende Prozeß ist nur in Andeutungsform bei höheren Tieren zu finden. Die Sozialisation bildet die Vorstellungen, auch die Archetypen, aus einem biologischen Rohmaterial heraus. Die angeborenen Strukturen, welche uns die Weltbeziehung ermöglichen, bleiben beim Menschen viel offener als bei den Tieren *(Portmann)*.

Der Mensch ist das einzige Lebewesen, das die Natur weitgehend verläßt, um sich selbst und die Welt zu reflektieren und zu verändern. Das bedeutet, daß seine Triebe bis in die höchsten Bereiche der kulturellen Schöpfung wirken und umgekehrt, daß sie ihrerseits viel weniger nurbiologisch als vielmehr kulturell ausgeformt werden. Die transzendentale Beziehung des Menschen zur Kultur und zum Kosmos, zu der Religion, der Wissenschaft und Kunst sind ihm nicht in ihrer Ausfaltung vorgegeben, sondern sind weitgehend von den Prägungen, darunter auch den allerersten Prägungen im narzißtischen Stadium, abhängig. So kann die Entwicklung des Menschen – die sogenannte normale wie die sogenannte »krankhafte« – nicht außerhalb der Gesellschaft betrachtet werden. Sie ist wohl ein Rest Biologie, aber sie ist vor allem ein Stück Kultur.

Konrad *Lorenz* beschrieb an den Tieren den eigenartigen Prozeß der Trieb-Dressur-Verschränkung. Unter Trieb-Dressur-Verschränkung versteht man den Umstand, daß der Instinktablauf als solcher unbelehrbar ist und zu unmittelbarer Befriedigung drängt – so ungefähr wie die Triebe bei *Freud*. Die gesammelte Erfahrung kann jedoch bewirken, daß die Instinkthandlungen ihren Ablauf auf andere, manchmal vom ursprünglichen Objekt sehr entfernte Auslöser (»Attrappen«) übertragen können. *Lorenz* warnt vor der voreiligen Übertragung dieses Prozesses auf den Menschen. In Übertragungen tierischer Verhaltensschemata auf den Menschen ist *Lorenz* selbst eher großzügig; seine Vorsicht im eben erwähnten Punkt ist indessen gerade weniger begründet. *Freud* hat vielfach die Trieb-Dressur-Verschränkung – ohne den Terminus – gerade am Menschen beschrieben. Das »Es« (d. h. das ursprüngliche Gesamt des Trieblebens) ist auch für *Freud* unbelehrbar und ungeschichtlich. Der Druck der Gesellschaft mittels der internalisierten Forderungen bestimmt die Lernfähigkeit des Menschen und bildet eine moralische Instanz (das Über-Ich) und eine allgemein erwägende und stellungnehmende Instanz, die gewissermaßen zwischen dem Es und dem Über-Ich vermitteln soll – das ist unser Ich. Das gesamte Werk der Psychoanalyse kann im bereits (Kapitel III) angeführten, berühmten Ausspruch Sigmund *Freuds* zusammengefaßt werden: »Wo Es war, soll Ich werden«, wobei *Freud* sofort hinzufügt (und das vergißt man oft beim Zitieren), »es ist Kulturarbeit, etwa wie die Trockenlegung der Zuydersee«.

Das dialektische Verhältnis – d. h. ein Verhältnis, das durch die Wechselwirkung der Widersprüche weiterführt – zwischen dem Angeborenen und dem Anerzogenen ist in der Beschreibung der sogenannten »psychosexuellen Stadien« *(Freud)* deutlich sichtbar. Noch die heutige Psychoanalyse bleibt im großen und ganzen der Einteilung treu, die *Freud* für die Entwicklung aus dem Ur-Narzißmus bis zur Differenzierung des Ichs und der Welt vorgeschlagen hat.

Vereinfachend dargestellt spricht die Psychoanalyse noch heute vom ersten Entwicklungsstadium als von dem »oralen« Stadium, dann vom »analen«, vom »phallischen« und vom »genitalen« Stadium. Der Eindruck kann leicht entstehen, daß es sich dabei um letztlich angeborene Stadien handelt, die die sexuelle Entwicklung des Kindes und somit auch sein Verhältnis zu den ersten Objekten seiner Liebe oder Abneigung darstellen. Die Einteilung der psychosexuellen Entwicklung in diese Stadien ist seinerzeit auf enorme Widerstände gestoßen und stößt auf solche noch immer, weniger wegen der zunächst einmal als merkwürdig erscheinenden Einteilung selbst, als wegen der durchgehenden Anerkennung der frühkindlichen Sexualität.

Ich hoffe, ich brauche an dieser Stelle das letztgenannte Vorurteil nicht mehr auszuräumen. Die in dieser Schrift beschriebene Prägung und Sozialisation des narzißtischen Stadiums erklärt die Urerfahrung der Sexualität als Beginn sämtlicher anderer Erfahrungen. Nicht von ungefähr drückt dasselbe deutsche Wort Geschlecht sowohl den Begriff des Sexuellen als auch die fortwährende Neuentwicklung der menschlichen Gattung aus (Menschengeschlecht, junge Generation – Generation ist durch das deutsche Wort Geschlecht übersetzbar).

So ist die Sexualität im *Freud*schen Sinne nicht eng gefaßt, sondern umschreibt den Fortbestand, die Reproduktion und die Entwicklung der menschlichen Gattung und des konkreten Individuums dieser Gattung. Die psychische Komponente, die sich aus dieser breiten Entwicklung ergibt, ist vielleicht mit dem griechischen Wort Eros am besten zu verstehen, d. h. jener mächtige Trieb, der die Menschheit am Leben erhält und also die Verhältnisse zwischen den einzelnen Menschen mitbestimmt. Die Psychologie hat ihren eigenen Gegenstand und ihre eigene Methodik – für uns in dieser Schrift vor allem die psychoanalytische Methodik – und dieser Gegenstand und diese Methodik überschneiden sich zwar mit denen der Gesellschaftslehre, decken sich aber nicht voll mit ihr. Das Subjektive im Menschen ist eben eine objektive Tatsache und darf nicht ignoriert werden, wie dies manche Vertreter der Wissenschaft tun, die berechtigterweise an die gesellschaftlichen Strukturen denken. Mehr als das, wir haben schon gesehen, daß für *Marx* das konkrete Individuum immer ein Subjekt ist und zum Objekt nur insofern wird, als es durch »unmenschliche« Verhältnisse sich selbst entfremdet wird.

Zurück zu den psychosexuellen Phasen. Durch ihre Einteilung wird zwar Subjektives ausgesagt, aber sie entsprechen dem objektiven Prozeß der Vergesellschaftung, zumindest in unserer Kultur. Die orale Phase ist engst mit dem Erlernen des Nehmens und des Gebens verknüpft, mit der Bildung des Urvertrauens und der Solidarität. Gerade in der oralen Phase ist jene »autistische« Katastrophe möglich, von der oben hinlänglich die Rede war. Das Durchlaufen der oralen Phase, die durch Ernährung, Zuwendung, Vertrauen oder durch deren Mangel zu wirklich menschlichem Kontakt bzw. Kontaktlosigkeit führt, ist die Basis des mehr oder minder gelungenen Durchschreitens der nächsten, sogenannten analen Phase. Auch diese Phase entspricht einem zentralen gesellschaftlichen Anliegen – dem Erlernen der Sauberkeit, aus der die Ordnung und das Verhältnis zum Eigentum erwachsen werden. Selbstverständlich werden die bereits bestehende soziale Ordnung und das soziale Verhältnis zum Eigentum ihrerseits die Prägung dieser psychosexuellen Phase auf das entscheidendste beeinflussen. Aus dieser Wechselwirkung zwischen Subjekt und Gesellschaft erwächst die große Bedeutung der analen Phase. Der Erwachsene kann sich noch kaum vorstellen, was für eine enorme Arbeit in der Weltbewältigung dieser Phase durch das Kind investiert wird. Nach dem mehr oder minder geglückten Erleben des Vertrauens in der oralen Phase ist daher die anale Phase die entscheidendste für das Erlernen der Spielregeln in unserer Form der Gesellschaft.

Nicht minder schwierig ist das Durchlaufen der phallischen Phase. Ihre Bedeutung scheint in unserer Gesellschaftsstruktur besonders überhöht zu sein. Hier wird die Bedeutung des Genitalapparates erlebt und zum Teil in die Richtung der vorherrschenden Ideologie über die sexuellen Rollen eingeübt. Es ist nicht undenkbar, daß diese Phase in einer etwa matrilinearen Gesellschaft anders zur Geltung käme und einen anderen Namen tragen könnte. Wir haben vom symbolischen Wert des »Phallus« für den männlichen Penis gesprochen (Kapitel II). Hier werden die Geschlechtsrollen gesellschaftlich fixiert und die Situation der Frau gleichsam als Mangel empfunden.

Den Abschluß der sexuellen Erkenntnis und z. T. die Korrektur derselben, wird erst in der genitalen Phase gegeben, die normalerweise eine optimale Zuwendung zum anderen Geschlecht ermöglicht. Es ist klar, daß die Wechselwirkung Individuum/Gesellschaft hier besonders bedeutend ist: die Störungen während der früheren psychosexuellen Phasen können bewirken, daß die genitale Phase nie voll erreicht wird. Zugegebenerweise trägt sie in der klassischen Psychoanalyse gewisse ideologische Züge des Sein-sollenden, denn hier in der »genitalen Organisation« sollten alle früheren sexuellen Triebäußerungen, die sogenannten »Partialtriebe«, harmonisch aufgehoben werden, was eigentlich dem Ideal der Sozialisation in unserer Gesellschaft entspricht und nur selten so gar harmonisch verläuft. Die Freigebung der sexuellen Entwicklung zu dem harmonischen Verhältnis zwischen den Geschlechtern, und die Einübung der »gehemmten Sexualität« durch ihre Sublimation in der Kultur, sind auf der anderen Seite nur durch die völlige Liquidierung des berühmten Ödipuskomplexes möglich, worin die innerfamiliären Rivalitäten und sexuellen Wünsche zugunsten der menschlichen Gesellschaft aufgegeben werden. Der Ödipuskomplex indessen ist sicher z. T. kulturell bedingt: das Inzesttabu scheint bis jetzt in irgendeiner Form, insbesondere in bezug auf die Mutter und den Sohn, die Grundlage der kulturellen Beziehungen tatsächlich darzustellen. Andererseits ist es kaum anzunehmen, daß die Überwindung des Ödipuskomplexes in unserem Kulturkreis je völlig gelingt, schon wegen der gesellschaftlichen Bedeutung der einseitigen Rollenverteilung zwischen Mann und Frau.

Wir sehen jedenfalls, daß angeborene Fähigkeiten zum Erlangen der grundlegenden menschlichen Beziehungen der Sauberkeit, der Geschlechtsteilung und der menschlichen Solidarität keineswegs in einem abstrakten Raum eingeübt werden können, sondern nur durch die entsprechende Vergesellschaftung zur Geltung und zum konkreten Ausdruck gelangen. Sie werden noch weitgehend narzißtische Züge tragen, zugleich aber sind sie ein Ergebnis der kulturellen Einwirkung.

Auf der einen Seite beobachten wir am Beispiel der psychosexuellen Phasen die Heranreifung und Einsatzfähigkeit physiologischer Bedingungen, und das ist gleichsam das Natürliche und auch das Angeborene in der Sexualität. Auf der anderen Seite sehen wir gerade an der Sexualität die Prägung und Überformung der natürlichen Basis durch die Erziehungseinflüsse im breitesten Sinn des Wortes, seit dem Geburtstag oder, besser gesagt, seit dem pränatalen Leben. Wir können behaupten, daß die Entwicklung der menschlichen Sexualität ein Paradebeispiel für die oben erwähnte Trieb-Dressur-Verschränkung (K. *Lorenz*) ist.

Weder die normativen Gesichtspunkte der Gesellschaft (die am ehesten dem »Über-Ich« gleichkommen) noch die biologischen (die am ehesten das Es umfassen) genügen jeder für sich, um die menschliche Sexualität zu erklären. So sind z. B. die Abweichungen des sexuellen Verhaltens von einer traditionell angenommenen Norm noch keineswegs an und für sich »krankhaft«. Sie werden höchstens als solche abgeurteilt und erlebt und dadurch weiterhin tendentiös verformt, weil sie zu einer geltenden Normstruktur im Gegensatz stehen, und diese Normstrukturen verändern sich rasch auch vor unseren Augen. Der Trieb als solcher ist dem menschlichen Bewußtsein unzugänglich und nur als subjektiver Wunsch durch Vorstellungen (teilweise z. B. durch Archetypen) artikulierbar. Erst auf der Ebene des Wunsches trifft der Trieb auf Vorstellungen, die von internalisierten Geboten und Verboten und von den Ideologien herkommen. Die öfter konfliktträchtigen Vorstellungen bilden die menschlichen Mythen im breitesten Sinn des Wortes; sogar die Kritik eines Mythos ergibt in der Regel als Abfallprodukt seinerseits neue mythische Vorstellungen. Die Konfrontation mit dem Gesetz des Vaters (und hinter ihm mit dem patriarchalischen Gesetz) ist eine Quelle des Ödipusmythos. Der berühmte Ethnologe Claude *Levi-Strauss* wies darauf hin, daß die *Freud*sche Kritik des Ödipuskomplexes ihrerseits zu einer Mythologisierung des Inzestverbots bei dem Kulturmenschen der bürgerlichen Epoche beitrug.

In einer aggressiven, auf Leistung und Konsum ausgerichteten Zivilisation ist die Weltoffenheit des Menschen gleich Phantasie oder Utopie im erhabenen und aktiven Sinn des Wortes oder auch gleich Spiel, wie es *Kofler* nennen möchte.

Ausblick

Die dem Menschen als Streben angeborene Weltoffenheit kann durch die Gesellschaft auf bestimmte Zwecke und unter bestimmten Bedingungen gelenkt werden. Mit welchen Inhalten z. B. das menschliche Gewissen genährt wird (angeboren ist dabei nur die Fähigkeit zur Unterscheidung zwischen Gutem und Bösem), ist zur Gänze Sache der Sozialisation, die die wenigen Anlagen verdeckt oder zur Geltung bringt, vor allem aber bis zur Unkenntlichkeit verändern kann. Diese Feststellung würde uns weit über die Grenzen der Psychologie führen, bedeutet sie doch, daß nicht nur die psychische Evolution des Individuums sondern auch die Wissenschaft von dieser psychischen Evolution mächtige zwischenmenschliche Verhältnisse widerspiegelt. Das Recht nach Glück ist im Wunsch buchstäblich eines jeden Menschen verankert. Dieses Recht ist aber unter dem Walten der erwähnten Umstände illusorisch.

Aus dem glücklichen Eins-Sein mit sich selbst im Leib der Mutter zuerst, dann im »sozialen Uterus« (A. *Portmann*) – aus dem Narzißmus – heraus, wird der Mensch zur Sozialisation gelangen. Sein Ziel wird immer das nämliche bleiben: eben das glückliche Eins-Sein mit sich selbst, auch Identität genannt. Die Gesellschaft wird ihm eine Reihe von Identifikationsbildern bieten, um diese Identität in ihrem, der Gesellschaft, Interesse zu prägen. Sie wird ihm also die Identität auf verschiedene Stufen der Entwicklung vermitteln, aber (da sie die Eigenständigkeit und Unabhängigkeit des Subjekts doch nicht respektiert) ihm auch diese Identität entfremden. Die ökonomische Struktur der Gesellschaft ruft die Entfremdung in allen Bereichen des bewußten und unbewußten Lebens des Individuums hervor. So kämpft der Mensch lebenslänglich um die Herstellung der Identität, ohne zu dem Eins-Sein mit sich selbst zu gelangen: seine Praxis des gesellschaftlichen Seins widerspiegelt das Schicksal dieses Kampfes. Diese Praxis des gesellschaftlichen Seins wird sein Leben und seinen Tod bestimmen. Sie selbst – die Praxis des gesellschaftlichen Seins des Individuums – ist durch den Narzißmus und die Sozialisation geprägt.

BIBLIOGRAPHIE

BALINT, M.: Die Urformen der Liebe und die Technik der Psychoanalyse. – Klett & Huber, Stuttgart 1966.
– Therapeutische Aspekte der Regression. Die Theorie der Grundstörung. – Klett Verlag, Stuttgart 1970.

BALLY, G.: Einführung in die Psychoanalyse Sigmund Freuds. – Rowolt, München 1961.

BOWLBY, J.: Bindung. Eine Analyse der Mutter-Kind-Beziehung. – Kindler, München 1975.

BRENNER, Ch.: Grundzüge der Psychoanalyse. – Fischer Verlag, Frankfurt/Main 1967.

CARUSO, I. A.: Soziale Aspekte der Psychoanalyse. – rororo studium, Rowohlt Verlag, Reinbek 1972.
– Die Trennung der Liebenden. – Geist und Psyche, Kindler Verlag, München 1974.

DREWS, S.; BRECHT, K.: Psychoanalytische Ich-Psychologie. – Suhrkamp Verlag, Frankfurt/Main 1975.

ERIKSON, E. H.: Kindheit und Gesellschaft. – Klett Verlag, Stuttgart 1971[4].

EDELWEISS, M. L.; TANCO DUQUE, R.; SCHINDLER, S.: Personalisation. – Herder Verlag, Wien/Freiburg/Basel 1964.

FENICHEL, O.: Hysterien und Zwangsneurosen. – Wiss. Buchgemeinsch., Darmstadt 1974.
– Perversionen, Psychosen, Charakterstörungen. – Wiss. Buchgemeinschaft., Darmstadt 1967.
– Psychoanalytische Neurosenlehre. – Scheyer Verlag, Wien 1973.

FREUD, S.: Zur Einführung des Narzißmus. – Ges. Werke, Bd. 10, London 1946.
– Trauer und Melancholie. – Ges. Werke, Bd. 10, London 1946.
– Psychoanalyse und Libidotheorie. – Ges. Werke, Bd. 13, London 1946.
– Das Unbehagen in der Kultur. – Ges. Werke, Bd. 14, London 1946.

GRABER, G. H.: Gesammelte Schriften. – 4 Bände. Wilhelm Goldmann Verlag, München 1975.

GREENSON, R.: Technik und Praxis der Psychoanalyse. – Klett Verlag, Stuttgart 1973.

GRINDBERG, L.; LANGER, M.; RODRIQUE, E.: Psychoanalytische Gruppentherapie (Hrsg. W. KEMPER). – Geist und Psyche. Kindler Verlag, München 1960.

HARTMANN, H.: Ich-Psychologie und Anpassungsprobleme. – Klett Verlag, Stuttgart 1960.
– Die Grundlagen der Psychoanalyse. – Klett Verlag, Stuttgart 1972.
HENSELER, H.: Narzißtische Krisen zur Psychodynamik des Selbstmords. – rororo studium, Rowohlt Verlag, Reinbek 1974.
– Zur Entwicklung und Regulation des Selbstwertgefühls (Die psychoanalytische Theorie des narzißtischen Systems). In: Psychoanalytische Entwicklungspsychologie, Hrsg. D. OHLMEIER. – Rombach Verlag, Hochschulpaperback, Freiburg 1973.
HORNEY, K.: Selbstanalyse. – Geist und Psyche, Kindler Verlag, München 1974.
JACOBSON, E.: The Self and the Object World. – New York 1964.
KOHUT, H.: Narzißmus. Eine Theorie der psychoanalytischen Behandlung narzißtischer Persönlichkeitsstörungen. – Suhrkamp Verlag, Frankfurt/Main, 1973.
KUIPER, P. C.: Die seelischen Krankheiten des Menschen. Psychoanalytische Neurosenlehre. – Klett Verlag, Stuttgart 1973.
LOCH, W.: Zur Theorie, Technik und Therapie der Psychoanalyse. – Fischer Verlag, Frankfurt/Main 1972.
– Die Krankheitslehre der Psychoanalyse. – Hirzel Verlag, Stuttgart 1971.
LORENZER, A.: Die Wahrheit der psychoanalytischen Erkenntnis. – Suhrkamp Verlag, Frankfurt/Main 1974.
MAHLER, M. S. (mit FURER, M.): Symbiose und Individuation, Bd. I, Klett Verlag, Stuttgart 1972.
NAGERA, H.: Psychoanalytische Grundbegriffe. Eine Einführung in Sigmund Freuds Terminologie und Theoriebildung. – Fischer Verlag, Frankfurt/Main 1974.
NEUMANN-SCHÖNWETTER: Psychosexuelle Entwicklung und Schizophrenie. edition suhrkamp, Suhrkamp Verlag, Frankfurt a. M., 1973.
NUNBERG, H.: Allgemeine Neurosenlehre. – Huber Verlag, Bern, Stuttgart, Wien 1971[3].
PORTMANN, A.: Die Tiergestalt. – Reinhardt Verlag, Basel 1948.
– Entläßt die Natur den Menschen? – Piper Verlag, München 1970.
REIMANN, W.: Psychoanalyse und Gesellschaftstheorie. – Luchterhand Verlag, Darmstadt 1973.
SCHMALOHR, E.: Frühe Mutterentbehrung bei Mensch und Tier. – Ernst Reinhardt Verlag, München/Basel, 1968.
SPITZ, R. A.: Vom Säugling zum Kleinkind. – Klett Verlag, Stuttgart 1967.
STROTZKA, H.: Neurose, Charakter, soziale Umwelt. – Geist und Psyche, Kindler Verlag, München 1973.
WATZLAWICK, P.; BEAVIN, H.; JACKSON, D.: Menschliche Kommunikation. – Huber Verlag, Bern, Stuttgart, Wien 1974[4].

Fachbücher für die Praxis des Psychotherapeuten

Igor A. Caruso
Narzißmus und Sozialisation

Entwicklungspsychologische
Grundlagen gesellschaft-
lichen Verhaltens
128 Seiten, brosch., DM 19,80

Hans Dieckmann
**Märchen und Träume
als Helfer des Menschen**

100 Seiten, brosch., DM 7,80

Hans Dieckmann
Träume als Sprache der Seele

– Einführung in die Traum-
deutung der Analytischen
Psychologie C. G. Jungs –
308 Seiten, Leinen, DM 28,–

Hans Dieckmann
**Individuation in Märchen
aus 1001 Nacht**

– Märchendeutung und
Patiententräume in tiefen-
psychologischer und psychotherapeutischer Sicht –
304 Seiten, Leinen, DM 35,–

**Aus der Reihe
»psychologisch gesehen«:**

Gerd Biermann
Unsere kranken Kinder

– Neue Wege ihrer
Behandlung –
Band 23, DM 7,80

Hilde Kaufmann (Hrsg.)
**Die Kriminalität Jugendlicher
und wir**

Repression oder Vorbeugung
durch Erziehung
Band 20, DM 9,80

Peter-Michael Pflüger
**Hat die Familie
noch ihren Sinn?**

Familie – Kommune –
Wohnkollektiv
Band 24, DM 9,80

Sylvia Simson-Wolff
**Spiele dich frei – Kinder
spielen sich ins Leben**
Band 10, DM 7,80

**Aus der Reihe »Erziehung –
praktisch gesehen«:**

Ekkehart Geckeler
**Die soziale Kontaktfähigkeit
des Kindes**
Band 3, DM 6,80

Sigrid Prinz
Mütter im Spannungsfeld

Der Konflikt zwischen Familie,
Haushalt und Beruf
Band 2, DM 8,–
Fordern Sie unser Gesamt-
verzeichnis an.

VERLAG ADOLF BONZ GMBH · STUTTGART